MENSAJES DE DIOS *para* MAMÁS

MENSAJES DE DIOS *para* MAMÁS

GUIÑOS PRECIOSOS QUE CAMBIAN LA VIDA

SQuire Rushnell
y Louise DuArt

PRIMERO
SUEÑO PRESS
ATRIA

Nueva York Ámsterdam/Amberes Londres
Toronto Sídney/Melbourne Nueva Delhi

Un sello de Simon & Schuster, LLC
1230 Avenida de las Américas
Nueva York, NY 10020

Primera edición en rústica de Howard Books/Atria Books, mayo 2025

Publicado originalmente por Simon & Schuster, Inc., en inglés bajo el título *Godwinks for Moms*

Diseño interior por Silverglass

Impreso en los Estados Unidos de América

1 3 5 7 9 10 8 6 4 2

Datos del Catálogo de la Biblioteca del Congreso se han solicitado.

ISBN 978-1-6682-0170-1 (pbk)
ISBN 978-1-6682-0171-8 (ebook)

Contenido

9.
¡LAS ABUELAS SON GENIALES!

10.
«MAMÁS OSO»

11.
MAMÁS EN DUELO QUE ENCUENTRAN LA ESPERANZA

Introducción

Estas tres palabras encajan a la perfección, como las manos de mamá en los guantes de Dios:

Madre

Sinónimo universal para «abrazos, consuelo y seguridad».

Mamá

Abreviatura de madre. Es más fácil para los niños decir: «¡Mamá!».

Guiños de Dios

Un término bastante nuevo para referirse a mensajes de esperanza de origen divino.

Este libro recopila historias de madres reales que han tenido increíbles experiencias con Guiños de Dios. Es posible que muchas de ellas te lleguen de forma tan directa y profunda que creas que están relatando *tu* historia como madre. O la historia de *tu* madre.

Por ejemplo, leerás la historia de una madre que envió a su hija a enfrentar el mundo y le ofreció un poema famoso como inspiración: «Huellas en la arena», de un autor anónimo. «Cuando te sientas sola, este poema te recordará que *nunca* lo estás», le dijo. Sin embargo, mientras acompañas a la joven, los mensajes divinos te guiarán hasta el autor del poema, quien lo escribió a los catorce años.

Sentirás el dolor de una madre joven que sufre una sucesión trágica de abortos espontáneos, pero te enamorarás de su compañero fiel: Un *golden retriever* gracioso llamado Bullet, un verdadero héroe que marcará el camino hacia el guiño divino más feliz que puedas imaginar.

Una madre adolescente llora al entregar a su recién nacido en adopción, con la promesa de rezar por él a diario. Pero la forma en la que los Guiños de Dios la llevan de vuelta hacia él años más tarde es a la vez reconfortante e increíble.

Madre e hija, ambas con personalidades desbordantes, dan a luz a bebés con necesidades especiales. Lo que no saben es que, gracias al plan de Dios, se convertirán en dedicadas maestras y trabajarán juntas en la creación de una de las comunidades más respetadas y alegres de adultos con necesidades especiales.

Si deseas conectarte con tus propios recuerdos *como* madre…

o con los recuerdos que tienes de *tu* madre… ¡te invitamos a que sigas leyendo!

Y si algo de lo que lees te inspira a compartir tu propia historia, nos encantaría leerla en:

www.Stories@Godwinks.com

1

Cuando mamá reza, Dios guiña el ojo

1A

Brittany I — ¿Cuántas bendiciones le darán a mamá?

Desde que tenía siete años, Brittany deseó tener éxito en la carrera más preciada de todas: ¡ser madre!

Como mini mamá, pasaba horas vistiendo a sus muñecas para ir a la escuela, preparándoles sus comidas y enseñándoles a distinguir el bien y el mal.

—No llores, Emily. Ven, mami te curará con un beso. Andy no quiso empujarte, ¿verdad, Andy?

Ella y su primera hermana, tres años menor, jugaban con sus muñecas Barbie y a ser mamis juntas. Su segunda hermana, Ally, era ocho años menor, así que, cuando tuvo edad de jugar, Brittany era adolescente, pero jugaba a las muñecas con ella de todas formas.

Luego llegó el último hermano, Matthew, doce años menor, y todos decían que Brittany era como una «mini mamá» de verdad para él. Era una cuidadora nata y siempre ofrecía un hombro donde apoyarse.

De hecho, como sus padres trabajaban, los niños solían quedarse con sus abuelos; «pero mientras estábamos con ellos», admite Brittany, «siempre cuidaba yo también de mis hermanos».

Cuando comenzó la universidad, Brittany eligió la especialidad que más se acercaba a prepararla para la maternidad: la enseñanza y el entrenamiento deportivo. Ayudó que, en esa época, se destacara jugando al baloncesto.

El sueño de ser madre nunca salió de su mente en sus veintes, independientemente del paso previo: el matrimonio. Después de graduarse, comenzó a enseñar Matemáticas de séptimo grado y a entrenar al equipo de baloncesto femenino de la secundaria Central Cambria en Ebensburg, una ciudad al este de Pittsburgh, en el estado de Pensilvania.

Una de las jugadoras de su equipo, Jackie, tenía un hermano que también era deportista y maestro, Josh Bracken, quien de vez en cuando, y cada vez más a menudo, iba a verla jugar. Desde el punto de vista de Josh, había algo atractivo en la entrenadora divertida, alegre y muy bonita de su hermana. Además, tenían algo más en común: Josh también era entrenador; de béisbol, en su caso.

Comenzaron a pasar tiempo juntos hasta convertirse en buenos amigos (y hasta que un beso pareció detener al mundo y marcar un rumbo mucho más serio). Luego de salir y conocerse a lo largo de tres años, Josh comenzó a pensar en cómo proponerle matrimonio.

Josh tenía, junto con un amigo, un campamento de caza en un bosque al norte de Pensilvania, a unas pocas horas de casa, y sabía que la flor del estado, el laurel rosa y blanco, florecería en primavera alrededor de los senderos forestales, lo que crearía un ambiente mágico. Allí fue donde le pidió matrimonio, con una propuesta dulce y romántica, y, un año después, Josh y Brittany se convirtieron en marido y mujer. Brittany tenía treinta y tres años y estaba lista para cumplir el deseo de su vida: ser mamá. ¡Y quedó embarazada a las pocas semanas!

Sin embargo, recibió la peor de las noticias cuando rondaba la séptima semana de embarazo: sufrió un aborto. Y la sensación de pérdida parecía insuperable. «Estaba devastada y desconsolada», dice Brittany.

En cuanto fue posible, la pareja volvió a intentarlo. Una y otra vez.

Brittany se lamentó con su madre: «Todos a mi alrededor tienen embarazos exitosos, pero los meses pasan ¡y yo no me embarazo!».

Rezó y rezó, pero nada ocurría. Y aún con el dolor de haber perdido a su primer hijo, comenzó a preguntarse por qué Dios no respondía a sus plegarias. Y ya empezaba a desanimarse.

«Fue entonces cuando encontré un libro, *Godwink Stories: A Devotional*, que me dio esperanza a través de las historias de los Guiños de Dios que habían experimentado otras personas. Me sentí animada. Si podían pasarles cosas buenas a esas personas, también podían sucederme a mí. Así que comencé a rezar por un guiño divino que me asegurara que tendríamos un bebé».

Sin embargo, al no obtener resultados positivos en sus pruebas de embarazo, Brittany volvió a lamentarse con su madre: «Dios no me responde».

Stephanie, una enfermera quirúrgica, les había enseñado

a sus hijos el poder de rezar. Y, más que nadie, sabía que Dios le había dado a Brittany el deseo profundo de ser madre a una edad muy temprana, por lo que siguió su propio consejo y redobló las plegarias por su hija: «Por favor, Dios, permite que Brittany experimente la dicha de un embarazo».

Unos días después, Stephanie viajó a California para ayudar a Matthew, su hijo menor, a empacar las cosas de su dormitorio en la Universidad Pepperdine y guardarlas durante el receso de verano. Stephanie era madre de cuatro hijos, así que conocía la rutina: llevar las sábanas y la ropa a la lavandería y guardarlas en cajas etiquetadas, para que estuvieran limpias y perfumadas para el otoño.

Mientras se encontraba en la lavandería, llegó un hombre mayor de aspecto amable. El anciano le sonrió a Stephanie, le hizo un comentario sobre la cruz que llevaba en el cuello y le preguntó si tenía nietos. Ella, inmersa en la conversación, le contó que solo una de sus cuatro hijos estaba casada, que Brittany y su yerno habían pasado por la tragedia de perder un embarazo y que estaban frustrados por no haber logrado volver a concebir.

El hombre la miraba con ojos brillantes mientras hablaba.

—Dígale que sea bondadosa, que rece. Que tenga fe. ¡Y pronto será bendecida por partida doble! ¿Sabe a lo que me refiero? —preguntó con la mirada firme.

—¿Gemelos? —arriesgó Stephanie.

—¡Dígale que Herb le asegura que tendrá una doble bendición!

Stephanie se moría de ganas de llamar a Brittany. ¿Sería ese el Guiño de Dios que había estado esperando?

Brittany, por supuesto, lo tomó como una señal.

«Seguí intentándolo y, seis meses después, ¡por fin tuve un test con resultado positivo!».

Dada su pérdida previa, Brittany y Josh solicitaron cita para un ultrasonido temprano. El fin de semana antes de la cita, Josh estaba en su viaje de cacería, donde se encontró con el hombre que administraba el Moose Club, quien le habló de su nieta y de los números de una rifa que estaba vendiendo para ella. Josh le compró un número y luego supo que, irónicamente, el hombre se llamaba Herb.

De camino al ultrasonido, unos días después, Brittany se preguntaba si habría alguna especie de conexión celestial entre ambos Herb. Más tarde, mientras el técnico realizaba el estudio, sintieron una chispa de curiosidad cuando sonrió, giró la pantalla hacia ellos y preguntó: «¿Qué ven aquí?».

La imagen, clara como el agua, mostraba dos sacos. Y, debajo, las palabras «Bebé A» y «Bebé B». ¡Gemelos!

«¡Me sentí eufórica! Y, al mismo tiempo, me inundó una paz que solo podía venir de la presencia de Dios. ¡Recibí mis guiños divinos!».

Epílogo

Tres meses antes de la publicación de este libro en inglés, Brittany y Josh conocieron el género de los bebés: ¡dos niños!

Para leer la historia de Brittany, visita www.Godwinks.com. Estará disponible en el sitio web durante varios meses.

Reflexión

El deseo de ser madre de Brittany era ardiente y firme. Sin embargo, con cada mes que pasaba sin lograr concebir, se sentía un poco más desanimada, y comenzó a preguntarse si había algo mal en ella o si Dios no escuchaba sus plegarias.

En la Biblia, Hannah y Sarah experimentaron la misma frustración, pero Dios respondió a sus plegarias, igual que a las de Brittany.

Las palabras amables del extraño llamado Herb, dichas con total autoridad, fueron un faro de esperanza para ella; la ayudaron a no perder el curso, a seguir rezando y a mantener la fe.

Brittany siguió adelante, y el ultrasonido confirmó lo que Herb había dicho: ¡su bendición sería doble! Tendría gemelos.

En los momentos en los que no vemos el trabajo de Dios, debemos persistir en nuestras plegarias y ser pacientes en la fe. Él hace sus mejores obras en la espera.

«Gozosos en la esperanza; sufridos en la tribulación; constantes en la oración».

—Romanos 12:12 (RVR1960)

1B

Diane — La señal de la capilla

Diane Baum, una mujer compasiva, de buen corazón y con una generosidad sin límites, aceptó cuidar de los animales de una amiga durante el fin de semana.

Perros, gatos, cabras, gallinas. Todos debían ser alimentados.

Una de esas tardes, al ver que el reloj de la cocina marcaba las cinco y media, Diane tomó las llaves del carro y le preguntó a Rob, su marido, si quería acompañarla. Como amante de los animales, Rob aceptó encantado por la idea de ir a la granja y pasar un rato con todas las criaturas.

Era mediados de septiembre en Minnesota, donde el sol se esconde antes de las 7:00 p. m. y se lleva con él el calor del día. Ya eran casi las 6:00 p. m. cuando Diane y Rob tomaron el estrecho camino hacia la granja, y el frío se sentía en el aire.

Al pasar por la diminuta y anticuada capilla blanca en el camino, Diane vio un vehículo familiar en el estacionamiento.

—Ah, es el carro de Kathryn. Debe de estar aquí con Bobby —señaló.

Kathryn, la amiga de Diane, tenía un hijo con autismo, a quien solía llevar al parque detrás de la iglesia para aplacar sus momentos de ansiedad. Era una capilla aislada y rodeada de campos de maíz, por lo que el entorno silencioso y tranquilo resultaba un escape del ruido y el caos de otros parques de juegos para niños. Era el lugar perfecto para que Bobby se columpiara y corriera.

Diane y Rob continuaron su viaje, y pasaron cuarenta y cinco minutos en la granja antes de emprender el camino de vuelta.

Al pasar por la capilla otra vez, Diane señaló:

—Mira, Kathryn sigue aquí.

En la iglesia, Kathryn no cabía en sí misma de la preocupación.

Había llevado a su hijo al parque para que se relajara después de un largo día de escuela. Bobby, de siete años y con un cuadro de autismo grave, era un torbellino de energía; si su madre no encontraba formas creativas para que quemara parte de esa energía, era posible que pusiera la casa patas arriba, o incluso que se lastimara a sí mismo o a los demás. Así que Kathryn solía llevar a Bobby al aislado parque detrás de la capilla para que se columpiara, trepara y jugara, mientras ella lo miraba desde una banca y rezaba o leía la Biblia.

Ese había sido el plan ese día. Sin embargo, al bajar de la camioneta, Bobby había cerrado la puerta de un golpe y, en el proceso, debió de haber empujado el botón de cierre con el codo. En consecuencia, la camioneta se encontraba cerrada, con el bolso, las llaves de Kathryn y los zapatos de Bobby dentro.

Y comenzaba a hacer frío.

La capilla estaba a siete kilómetros de la casa de Diane y a poco más de la de Kathryn; un tramo demasiado largo como para que Bobby caminara descalzo. Y, de todos modos, en su estado de ansiedad profunda no lo hubieran logrado.

Al llegar a la iglesia, encontraron a alguien terminando con sus tareas en la capilla, y les permitió usar su teléfono. Pero las llamadas a su esposo y a su madre habían ido al buzón de voz. De todas formas, Kathryn, confiada en que alguno de los dos escucharía el mensaje e iría a socorrerla, le había dicho a la persona que no se preocupara y que podía cerrar la iglesia y marcharse.

¡Cómo deseaba no haberlo hecho!

Había pasado un buen tiempo desde que había hecho las llamadas, pero ni su marido ni su madre se habían presentado. Y el abrupto descenso del sol la aterrorizaba. Era oficial: Kathryn y Bobby estaban varados.

Entonces, sin saber qué más hacer, la mujer comenzó a rezar.

«Ayúdanos, Señor, por favor. ¡Envía a alguien a ayudarnos!», suplicó mientras el sol se acercaba al horizonte y la temperatura descendía. Con el paso de los minutos, el pánico crecía dentro de ella, al tiempo que se esforzaba por mantenerlo oculto de Bobby.

En el camino de regreso a casa, Diane y Rob volvieron a pasar frente a la iglesia. De pronto, apenas unos metros después, Diane pisó el freno de golpe.

—Tenemos que regresar y comprobar si todo está bien.

—¿En la granja? —preguntó Rob.

—No. Tenemos que ir a ver a Kathryn. Algo anda mal.

Sabía que algo no estaba bien; era como si alguien le hubiera pegado un letrero en el parabrisas, y sintió una fuerte voz dándole indicaciones dentro de su mente.

«Tienes que regresar. Ahora mismo», la instaba.

Entonces, Diane dio media vuelta en el estrecho camino y volvió atrás.

Kathryn sentía que habían pasado horas en esa iglesia cuando por fin apareció un automóvil en el estacionamiento. Inhaló sorprendida y aliviada. Y con la poca luz del día que quedaba, reconoció el carro de Diane y Rob.

—¿Cómo estás? ¿Qué pasa?

El rostro de Kathryn se desfiguró con un llanto incontrolable y corrió a abrazar a su amiga. Tardó unos minutos en recomponerse y darles una explicación.

Para Diane, todo tenía sentido. Si no hubiera notado el carro de Kathryn en la iglesia en un principio, si no hubiera pisado el freno y dado la vuelta al verlo aún allí, Kathryn y Bobby habrían quedado varados en la oscuridad y el frío, vulnerables a los peligros de la noche.

Pero Dios había escuchado las plegarias de Kathryn, incluso antes de que las dijera, y había enviado ayuda… a Diane y a Rob.

Diane le pidió a Kathryn que se subiera con Bobby a su camioneta; los llevarían a casa.

—Pero mis llaves están en el vehículo. No podré entrar a casa a buscar la llave extra de la camioneta.

—Pero yo sí —aseguró Diane, y le enseñó una llave de bronce. La llave de la casa de Kathryn.

Kathryn le había dado a Diane una copia de la llave de su casa hacía unos años, cuando se había ido con su familia de vacaciones, pero ninguna de las dos lo había recordado hasta entonces.

Así que Diane y Rob llevaron a Kathryn y a Bobby a casa, les abrieron la puerta, y Kathryn hizo planes para recoger la camioneta con su marido al día siguiente.

—¿Cómo lo supiste? —le preguntó Rob a Diane, incrédulo—. ¿Cómo supiste que Kathryn necesitaba ayuda?

Si bien han pasado años, de tanto en tanto Rob aún niega con la cabeza y afirma: «No entiendo cómo lo supiste, pero le agradezco a Dios que haya sido así».

Cada vez que se dirige al pueblo, Diane todavía pasa por esa capilla. Y nunca se olvida de sonreír y decir: «¡Gracias, Dios!».

¡Fue un guiño divino para recordar toda la vida!

Reflexión

Cuando Kathryn rezó, Dios puso manos a la obra y le envió a Diane una señal para que volviera a ver cómo estaba su amiga.

Como hijo de Dios, tu espíritu es como un receptor conectado a una antena celestial. Él envía señales todo el tiempo, y nuestro trabajo es mantener el receptor sintonizado en su canal.

A veces, la voz de Dios es un susurro, y tal vez no comprendas lo que sucede en el momento, pero en el fondo de tu corazón sabes que Él está guiándote.

Diane respondió a la señal en su espíritu, lo que resultó en un guiño divino increíble.

Dios siempre está hablándonos y guiándonos. Preguntémonos: ¿mi receptor está encendido? ¿Está sintonizado con Dios?

Él transmite las veinticuatro horas, los siete días de la semana.

«El portero le abre la puerta
y las ovejas oyen su voz.
Llama por su nombre a las ovejas y las saca del redil».

—JUAN 10:3 (NVI)

1C

Darla y Danella — Plegaria de una madre joven

El que debió haber sido el día más feliz para Darla Svenby, de diecisiete años, fue, en cambio, uno de los más desgarradores de su vida.

Después de una noche aterradora de trabajo de parto, Darla supo que su bebé estaba atorado y que debían hacerle una cesárea.

¡Y la adolescente soltera dio a luz a un niño!

Sin embargo, la alegría fue esquiva, pues los padres adoptivos estaban ansiosos por llevarse al bebé a casa, lo que dejó a Darla con un vacío desgarrador en el corazón, mientras se preguntaba si volvería a ver a su pequeño o si podría acunarlo.

—Por favor, déjenme sostener a mi bebé. Necesito despedirme —suplicó con los ojos llenos de lágrimas.

Su enfermera, Danella Walters, una mujer de fe con un corazón de oro, había elegido la profesión para ayudar a las personas en sus momentos de mayor vulnerabilidad. Y se encontraba mirando a los ojos a una madre joven, cuyo dolor le rompía el corazón. Conocía las políticas del Hospital

St. Margaret de Montgomery, Alabama; a la madre biológica no le estaba permitido formar un lazo con el bebé en adopción, pero ella no estaba de acuerdo.

La madre de Darla entró a la habitación y, al ver a su hija llorando, le contó que había estado en la sala de Neonatología. Pensó que eso podría consolarla, ¡pero Darla se sintió peor!

La señora Svenby abrazó a su hija con ternura, le secó las lágrimas y le contó cómo había cargado al bebé.

—Es perfecto. —Eso logró tranquilizar a Darla.

—¿Lo es? —preguntó, mirando el dulce rostro de su madre.

—Lo sostuve, recé por él y le prometí a Dios que rezaríamos por él por el resto de nuestras vidas.

—Lo haremos, mamá.

Eso pareció darle algo de paz a Darla, pero, en cuanto su madre salió para llevarle ropa al bebé, diciendo que quería que su nieto tuviera algo de su parte, Darla volvió a derrumbarse por la pérdida.

Cuando Danella le llevó el certificado de nacimiento para que lo completara y firmara, descubrió que la adolescente estaba abrumada por las emociones. Con el tiempo, Darla se tranquilizó lo suficiente como para completar el papeleo y darle un nombre al bebé, a pesar de sospechar que los padres adoptivos escogerían otro nombre para él.

Mientras salía de la habitación, Danella notó que había poco personal debido al cambio de turno. Entonces, reapareció a escondidas un momento después, con un manojo de sábanas: el recién nacido de Darla.

¡La sorpresa dejó a Darla sin aliento! Comenzó a temblar por la alegría y la gratitud que sentía.

Danella puso al bebé en sus brazos con cuidado, observó la encantadora escena frente a ella y sintió admiración por el sacrificio que esa joven madre estaba haciendo por su bebé.

Darla contempló al pequeño, que olía a talco, y le dijo lo mucho que lo amaba. También le susurró que no era su decisión entregarlo, pero que era lo mejor para él. Sus lágrimas le bañaban el rostro mientras lo besaba en la cabecita y repetía: «Te amaré y rezaré por ti todos los días, lo prometo».

Cuando llegó el momento de que Darla se fuera del hospital, uno o dos días después, su novio, Randy Allgood, fue a ayudarla junto con los padres de ella. Al verlos marcharse, Danella no pudo evitar notar el amor y la bondad que se demostraban uno al otro, aun en un momento tan difícil, y supo que nunca podría olvidarlos.

Las estaciones cambiaron, los años transcurrieron y, en un abrir y cerrar de ojos, pasaron dieciocho años.

Para entonces, Darla y Randy estaban casados, la Fuerza Aérea los había trasladado a Alaska y tenían cuatro hijos.

Pero Darla nunca se olvidó de rezar a diario por su primogénito.

Danella, la enfermera, tenía una hija llamada Amanda, quien tenía una relación con un jovencito llamado Chad. Una noche, Amanda llevó a Chad a cenar a casa para que conociera a su familia.

A Danella le agradó el novio de su hija, pero percibió que albergaba cierto resentimiento, aunque no lograba identificarlo con precisión.

Más adelante, cuando los jóvenes llevaban saliendo un tiempo, Danella le preguntó a Chad por sus padres. Él enseguida respondió que no conocía a sus padres; al menos, no a sus padres biológicos.

—Lo único que sé es que mi madre me entregó la noche que nací. Me dieron en adopción en el Hospital Jackson.

Danella comenzó a sentir escalofríos y comprendió el origen de aquel resentimiento. En defensa de las madres biológicas, le dijo:

—Para las madres jóvenes no es fácil «entregar» a sus bebés. Muchas viven atormentadas, sin saber qué ha sido de sus hijos.

Luego le contó que, aunque ya estaba retirada, había sido enfermera durante años en el Hospital St. Margaret, donde había visto a mujeres jóvenes sufrir mientras daban a sus bebés en adopción, en especial cuando tenían dificultades y no estaban preparadas para ser madres.

—Recuerdo a una madre adolescente que estaba sufriendo tanto que rompí las reglas y le permití ver a su bebé. Por poco me subo a la cama para consolarla al verla llenar el pequeño rostro de su niño de besos y lágrimas. —Miró al novio de su hija con seriedad—. Si no encuentras la forma de perdonar a tus padres, el dolor te comerá por dentro. ¿Cuántos años tienes, Chad?

—Dieciocho.

Ella inclinó apenas la cabeza, como si estuviera pensando en algo.

—¿Y naciste en el Hospital Jackson?

Él asintió.

Con el tiempo, Amanda y Chad se casaron y concibieron un hijo.

Danella le había dicho a Chad que, al cumplir los veintiún años, tendría acceso a su registro de nacimiento, por lo que, al descubrir que serían padres, la pareja solicitó acceso a la información.

Sentado a la mesa con su esposa y su suegra, Chad abrió con cuidado el sobre amarillo. Sacó el certificado de nacimiento y su rostro brilló al ver su propia fecha de cumpleaños.

Leyó el nombre de su madre en voz alta y con el mayor de los respetos.

—Darla Svenby. —Los ojos de Danella se ampliaron de inmediato—. Dice que nací en el Hospital St. Margaret, en Montgomery. Al parecer, no nací en el Jackson…

Danella lo sabía. A pesar de no recordar el nombre que la adolescente, Darla, había escrito en el certificado de nacimiento de su bebé dieciocho años atrás, había sentido que Chad podía ser el mismo niño desde el momento en que Amanda lo había llevado a casa.

Con la vista fija en Chad, negó con la cabeza.

—No. Naciste en el St. Margaret. —Ambos se miraron

por un largo tiempo—. Yo te sostuve en brazos —continuó con ternura—. Y tu madre te amaba de la forma más desinteresada posible. Nadie te ha amado más que ella. Te llenó de besos. Ahora, ve a buscarla.

Chad le dedicó una mirada llena de lágrimas y asintió.

«Svenby» era un apellido inusual, así que Chad y Amanda tuvieron suerte. Aunque no hallaron nada en los lugares de búsqueda obvios, como en el ayuntamiento o el internet, encontraron el reciente obituario de la madre de Darla, Dolores Irene Svenby. Fue justo lo que necesitaban para acercarse a la familia Allgood, que vivía cerca de una base de la Fuerza Aérea en Alaska.

Randy Allgood sorprendió a su esposa en su tienda de cerámica y le propuso que fueran a almorzar.

—Nuestro hijo llamó —soltó una vez que estuvieron sentados en el restaurante.

—¿Sí? ¿Y qué necesita ahora Brandon, Adam, Casey o Dillon? —bromeó Darla.

—No —dijo Randy en voz baja—. Nuestro otro hijo… Chad.

Darla se quedó perpleja, sin palabras. Ella y su madre habían rezado sin descanso para que llegara ese día. El día en el que su primer hijo volviera a ella. Y, gracias a Dios, ¡su nombre aún era Chad!

De inmediato, le temblaron los labios y comenzaron a correr lágrimas por sus mejillas.

Chad volvió a llamar esa tarde, como había acordado con Randy, y habló con Darla durante horas.

Cuando los demás hijos de la pareja descubrieron que tenían un hermano mayor, se mostraron muy entusiasmados.

Por fin llegó el día de que todos se conocieran. Chad y Amanda volaron a Alaska, donde la familia los esperaba en el aeropuerto.

—¿Y si no le agrado? —se lamentó Darla.

—Eso es imposible —aseguró Randy, sosteniéndole la mano.

Cuando el avión aterrizó, Darla y Chad se acercaron el uno al otro con los corazones en la garganta. Y, después de tantos años, volvieron a abrazarse. Él apoyó la cabeza sobre el hombro de su madre, como había hecho la primera vez.

El vacío en el corazón de Darla desapareció, de pronto lleno de amor. Y, del mismo modo, se desvaneció la amargura que Chad albergaba dentro.

Cuando Darla y Randy supieron que la madre de Amanda era Danella, la enfermera que había roto las reglas para que Darla conociera a su hijo a escondidas y pudiera llenarlo de besos, no tuvieron dudas. En respuesta a los cientos de plegarias de Darla y de su amada madre, ahora en el cielo, Dios les había guiñado un ojo.

Epílogo

Durante las semanas siguientes, mientras Darla se ocupaba de las cosas de su difunta madre, encontró un contenedor con sus diarios y su correspondencia.

Y en él había una caja llena con cartas y tarjetas sin enviar, todas ellas dirigidas a Chad.

La madre de Darla había escrito mensajes alegres para su nieto desconocido, en los que le decía que era amado y que ella y Darla rezaban por él a diario, tal como lo habían prometido.

Reflexión

Durante dos décadas, Darla fue incapaz de abrazar a su hijo Chad, pero podía imaginarse haciéndolo a través de sus plegarias y las de su madre.

Desde ese lugar secreto en su corazón, en el que le pedía a Dios por su hijo, rezaba para que Chad tuviera una vida feliz y fructífera y para que Dios lo guiara de vuelta a ella.

La retrospectiva demuestra que la pregunta que acechaba a Chad, si había sido amado por su madre biológica, se convirtió en su motivación para buscarla. Eso, junto con las plegarias de Darla y de Dolores, fue lo que Dios necesitaba para guiar a Chad de vuelta a los brazos de su madre.

Cada niño es una bendición y un regalo de Dios.

Darla honró a Dios al decidir dar a luz a Chad y al permitir que fuera adoptado por una buena familia. Dios honró a Darla al reunirla con el bebé al que alguna vez había bañado de besos y al que le dedicó sus plegarias durante veintiún años.

«Los hijos son herencia del Señor,
el fruto del vientre es una recompensa».

—Salmos 127:3 (NVI)

1D

Tina — Las mamás rezan, Dios escucha

Tina Culleton, una madre devota y creyente, fue inspirada por una conferencia de mujeres cristianas a rezar no solo por el presente de sus hijos, sino también por los futuros matrimonios de cada uno de ellos, para que se cimentaran en el amor y la gracia de Dios.

Entonces, cuando sus tres hijos y su hija, Katelynn, aún usaban pañales, comenzó a rezar por sus futuras parejas.

Tina conoció a su esposo, Marty, cuando ambos estaban en el Ejército, asignados a Italia. Cuando comenzaron a tener hijos, ella se retiró.

Las familias militares se la pasan mudándose de un lugar a otro, y Tina disfrutó la aventura de trasladarse de Italia a Kansas, de Maine a Florida y de Alemania a Texas, aunque siempre fue un desafío encontrar la mejor educación para sus hijos.

Un día, recién instalados en Frankfurt, Alemania, Tina y su familia se acercaron a una pequeña base militar estadounidense en Wiesbaden para visitar un complejo comercial militar.

Mientras esperaban en la fila para pagar por su almuerzo, Tina comenzó a conversar con otra madre militar de su país y, en cuestión de minutos, descubrieron que tenían mucho en común. La mujer tenía tres hijos de edades muy similares a los de Tina, a los que también educaba en casa. Además, supo que la mujer era creyente y que, como ella, rezaba por las futuras parejas de sus hijos.

Luego hablaron de hacer una cita de estudio para sus hijos, así que Tina buscó su libreta de direcciones con entusiasmo para que la mujer escribiera su nombre y dirección. Llevaba una libreta diferente para cada lugar en el que vivían.

De camino a casa, hizo una nota mental para llamar a la mujer, pero la vida se interpuso y Marty recibió órdenes de volver a los Estados Unidos. En poco tiempo, los Culleton se instalaron en San Antonio, Texas, donde Tina por fin pudo seguir su sueño: estudiar y comenzar la carrera de Enfermería.

Amó cada momento del proceso, aunque sus exigentes horarios le imposibilitaban seguir educando a los niños en casa, por lo que los inscribió en la escuela pública.

Cuando llegó el momento de que su hija, Katelynn, comenzara la escuela secundaria, los niños instaron a los padres a que buscaran otra escuela para ella, ya que la suya era demasiado caótica para su hermanita.

Así fue como Katelynn comenzó la secundaria en una escuela católica cercana, donde empezó a irle muy bien. Se unió a los equipos de baloncesto y de vóleibol y a competencias de canto. También se presentó como voluntaria para interpretar canciones religiosas en la iglesia al lado de la escuela.

Un día, mientras Tina esperaba a Katelynn después de la práctica de baloncesto, vio a un chico apuesto con pantalones caqui y un polo verde que caminaba por el estacionamiento.

—¿Ves a ese chico? —le preguntó a su hija cuando llegó al automóvil—. ¡Es precisamente a quien veo al rezar por tu esposo!

Katelynn puso los ojos en blanco, pues sabía muy bien que Tina había estado rezando por su marido perfecto desde que estaba en pañales.

—Mamá, sabes que tengo novio.

Sí, Tina lo sabía. Pero no estaba segura de que hubiera llegado el *indicado* para su hija, así que seguía rezando.

Un día durante el verano, después de que Katelynn se graduara, Tina estaba terminando de lavar la ropa cuando sonó el timbre de la casa.

Se quedó perpleja al abrir la puerta y encontrarse con el chico «pantalones caqui y polo verde», a quien reconoció de inmediato.

«¿Qué puede estar haciendo aquí?», se preguntó.

—Buenos días, señora, soy Oliver Schlotfeldt. Vine a despedirme de Katelynn antes de irme a la Marina.

A pesar de la sorpresa, Tina no quería interrogar al pobre chico, así que le ofreció que tomara asiento mientras iba por su hija.

—Gracias, pero no, señora. El hombre de la casa no está, así que es mejor que no me siente.

Los modales del chico dejaron a Tina sin aliento.

Más tarde, Tina supo la historia.

Algunos años antes, cuando el huracán Katrina arrasó con la Costa del Golfo, Katelynn viajó en una misión con su grupo juvenil para ayudar con la limpieza y reconstrucción.

Al principio, la mayoría de los voluntarios de la escuela eran niñas que no tenían experiencia manejando herramientas. Entonces, para ayudar, el director de la escuela convocó a dos chicos fornidos de la iglesia asociada con la escuela, de la que también era pastor. Uno de ellos era Oliver.

Aunque al principio se mostraron tímidos el uno con el otro, él y Katelynn se hicieron cercanos.

Katelynn estaba impresionada de que Oliver ya tuviera noción de quién era y qué quería: cuando cumpliera los dieciocho años, planeaba enlistarse en la Marina y asistir a una escuela de idiomas para ser lingüista, como su padre.

Además de la belleza de Katelynn, que era evidente, Oliver valoraba la naturalidad con la que expresaba su fe en las reuniones nocturnas del grupo juvenil. De hecho, ambos eran los que más hablaban en esas reuniones, una conexión obvia que se guardaron para ellos.

Sin embargo, al volver de la misión humanitaria en las regiones afectadas por el Katrina, sus escuelas y actividades no les dieron muchas oportunidades de encontrarse. Oliver asistía a la escuela pública, era comandante en el Cuerpo de

Entrenamiento de Oficiales de Reserva Juvenil y en el Equipo Juvenil de Exhibición Militar. Solo visitaba la secundaria cristiana de Katelynn cuando así lo requerían sus tareas en la iglesia contigua.

Además, ambos salían con otras personas.

Después de un rato, hubo una presentación anual en la que participaban la iglesia de Oliver y la escuela de Katelynn.

Necesitaban voluntarios que se vistieran como en la época de Jesús para un evento llamado «Ciudad Navidad», muy conocido en San Antonio. Así fue como Katelynn y Oliver comenzaron a entablar una amistad antes de la graduación. Y cómo, una semana antes de que Oliver se marchara para iniciar su entrenamiento básico, se presentó en la puerta de Tina para despedirse de Katelynn.

Durante los seis meses siguientes, Katelynn y Oliver terminaron sus relaciones y, para alegría de Tina, comenzaron una relación a distancia. Oliver se encontraba en California, donde asistía al prestigioso Instituto de Idiomas del Departamento de Defensa y estudiaba árabe.

Para entonces, era diciembre. Y, en junio del año siguiente, ya estaban comprometidos para casarse en seis meses. ¡Y ya no podían estar separados!

Tina rebosaba de alegría. Oliver era un chico devoto, educado y respetuoso, y tenía una fe inquebrantable. Era todo lo que había deseado para su hija desde que era una bebé.

Cuando los padres de la pareja se conocieron, todos se llevaron muy bien. De hecho, ambas madres, Tina y Laura Schlotfeldt, no podían dejar de sentir que se habían visto antes.

Pero, por mucho que lo intentaran (Tina le preguntó si había sido paciente de su centro médico y Laura quiso saber si Tina había asistido a alguna de sus conferencias), no recordaban cuándo ni dónde podrían haberse conocido. Así que adjudicaron la sensación a un *déjà vu*.

A pocos días de la boda, la licencia matrimonial de Oliver estaba retrasada y, a veinticuatro horas del evento, aún seguían en ascuas. ¿Podría Oliver asistir a su propia boda?

Al final, Oliver obtuvo su licencia y llegó justo a tiempo para las celebraciones.

¡Fue una ceremonia maravillosa! Katelynn, la única niña entre tres hermanos, tuvo una hermosa boda al estilo Texas, con ganado *longhorn* de fondo, un arroyo y sus colores preferidos (turquesa y chocolate) plasmados en una decoración hermosa de perlas y flores que lo abarcaba todo.

«Gracias, Dios. ¡Oliver es el hombre por el que rezaba para mi hija!», agradeció Tina.

Pero el plan de Dios terminó de revelarse un tiempo después.

Mientras Tina revisaba cajas viejas de sus mudanzas, encontró todas las libretas de direcciones que registraba en los inicios de su matrimonio, cuando debían mudarse de base en base y de ciudad en ciudad.

Con nostalgia, repasó los nombres de antiguos amigos y conocidos en una de ellas. Hasta que llegó a la letra «S» y se quedó helada.

Allí, claro como el día, estaban el nombre y la dirección de… ¡Laura Schlotfeldt!

¡La madre de Oliver!

Por fin, Tina recordó lo sucedido dos décadas atrás: le estaba entregando la libreta de direcciones a una mujer en la fila de un restaurante cercano a un complejo comercial militar, para que escribiera su nombre y que sus hijos pudieran reunirse a estudiar en casa.

¡Tina estaba pasmada! La conversación entre las dos madres se había iniciado compartiendo que rezaban por los futuros matrimonios de sus hijos.

«Si lo confirmo, ¡sería un Guiño de Dios increíble!», pensó.

Tina se apresuró a llamar a la madre de Oliver, Laura, y… ¡Confirmado! Tina Culleton y Laura Schlotfeldt (cuyas familias se habían asentado en Alemania al mismo tiempo, aunque en bases diferentes) vieron que Dios nunca olvidó sus plegarias por las parejas futuras de sus hijos.

Y no solo eso, sino que Él actuó de celestino al unir a Katelynn y a Oliver en lo que solo podría describirse como un guiño romántico y divino por demás.

Reflexión

La decisión más importante que tomarán nuestros hijos, además de seguir a Dios, es con quién elegirán casarse.

Y en todos los aspectos, pero en especial en este, las plegarias de una madre son un arma secreta en manos de Dios.

Cuando mamá reza, Dios guiña el ojo y pone manos a la obra.

En este caso, fue una dosis doble de plegarias cuando ambas, Tina y Laura, le pidieron al Señor que guiara a sus hijos hacia su pareja destinada; una que amara y honrara a Dios tanto como a su familia.

Algunas personas dirían que fue un encuentro casual lo que puso a Tina y a Laura en la misma fila, donde conversaron sobre las plegarias por las futuras parejas de sus hijos. Sin embargo, con Dios no hay encuentros fortuitos, casualidades ni coincidencias.

Los rezos de esas madres se alinearon a la perfección para que Katelynn y Oliver se encontraran (o que Dios los cruzara) en el momento predispuesto por el Señor. Él preparó los corazones de los jóvenes antes de que nacieran siquiera.

«Antes que Yo te formara en el seno materno,
te conocí, Y antes que nacieras, te consagré;
Te puse por profeta a las naciones».

—**Jeremías 1:5 (NBLA)**

2

Seguir adelante tras perder a mamá

2A

Jonna — Las rosas rojas de mamá

Su cocina estaba llena del más dulce aroma a rosas.

Eddie Ruth Fitzgerald llenó un frasco de conservas con los hermosos botones rojos que acababa de cortar de uno de los numerosos rosales de su jardín en Flint, Texas; un sitio que no quedaba muy lejos de la ciudad de Tyler, la «capital mundial de las rosas». Eddie prefería contemplarlas afuera, donde pertenecían, así que se trataba de un acontecimiento singular.

Mientras se disponía a colocar el frasco en la encimera, recibió una llamada de su hija, Jonna Fitzgerald, quien había conseguido el título de Miss Texas y había quedado segunda como Miss Estados Unidos. Madre e hija eran las mejores amigas y tenían una relación especial, por lo que era usual que hablaran tres o cuatro veces al día para conversar de lo que fuera, desde las rosas y recetas preferidas de Eddie Ruth hasta del novio de Jonna, Garrett.

A Eddie Ruth le agradaba Garrett. El chico no dudaba en ayudar y podían bromear entre sí. Ella hablaba abiertamente de sus características de «pequeño travieso». Cada vez que él la visitaba, preguntaba, jocoso, si Eddie Ruth tenía dulces para él, pues sabía muy bien que ella siempre tenía un frasco de dulces listo y que recompensaba sus bromas con caramelos y risas.

Eddie Ruth terminó su llamada con Jonna diciendo que iría a entretenerse en el jardín. Allí era donde se sentía feliz, cuidando de sus rosas y de los perros a los que amaba. Siempre estaba probando técnicas nuevas para que sus plantas crecieran mejor, como añadir restos de comida o granos de café en la tierra. Pero el verdadero secreto para que crecieran rosas hermosas, tanto en el jardín como para su propia Miss Texas, era su espíritu amoroso y cuidadoso.

Otro de los secretos que comenzó a utilizar para «mejorar» sus rosales y los de Jonna consistía en utilizar flores de seda de la tienda de conveniencia.

«¡Se mezclan perfectamente y duran mucho más!», decía.

Cuando la salud de Eddie Ruth comenzó a deteriorarse, Jonna estaba consternada ante la idea de perder a su amada madre y, una semana antes de que falleciera, pensó en encontrar una forma de conservar la voz de su madre y las historias familiares.

Así que compró una grabadora pequeña en una tienda y, en el hospital, rodeada por su familia amorosa, le hizo preguntas y grabó las respuestas.

Jonna estaba un poco frustrada con su grabadora digital, porque para encenderla debía mantener presionado un botón durante algunos segundos y luego presionar otro con una uña. La grabadora estaba diseñada de ese modo para que no se activara por accidente.

Así que la guardó en un bolsillo lateral de su portafolios, que guardó en el maletero de su carro, y la olvidó.

Eddie Ruth murió en el hospital una semana después.

Durante el velorio, Jonna dispuso rosas del jardín de su madre, un recuerdo encantador que, como era de imaginarse, conmovió a familiares y amigos hasta las lágrimas.

Una semana más tarde, durante el domingo de Pascuas, Jonna y Garrett iban de camino a la iglesia. Habían ido a beber café con los padres de Garrett en un pueblo cercano, así que él iba conduciendo cuando algo llamó su atención al costado de la calle, tanto que detuvo el vehículo para verlo mejor.

—¿Has visto esas rosas?

Jonna no las había visto. Como no había tráfico, Garrett condujo en reversa.

Segundos después, Jonna se encontraba frente a unos rosales imponentes que surcaban una acera. Eran hermosos, como los de su madre.

Justo en ese momento, escucharon una voz que hablaba desde el asiento trasero. Era la voz de una mujer y llenaba el carro con palabras suaves y amorosas.

Jonna se quedó perpleja.

—¡Suena como tu madre! —dijo Garrett.

—¡Es mi madre!

—¿Cómo puede ser? —exclamaron al unísono.

Garrett detuvo el vehículo y los dos bajaron de un salto para observar el asiento trasero.

La voz seguía hablando.

—Garrett, estamos escuchando la voz de mi madre hablar en nuestro carro... ¿O es que ambos estamos locos?

Garrett se apresuró hacia el maletero, pero no encontraba la fuente de la voz.

Hasta que Jonna lo recordó: debía de ser una de las grabaciones del hospital.

—Revisa la grabadora, creo que la guardé en mi portafolio.

Allí estaba, reproduciéndose para ellos. Jonna tomó la grabadora y detuvo la reproducción.

Asombrados, concluyeron que la grabadora, diseñada para que no pudiera encenderse sola, de algún modo lo había hecho.

—Es una confirmación. Hoy sentí que necesitaba un cierre, pero ahora lo sé. Ella está en el cielo. Estoy bien. Todo está bien —susurró Jonna, y le sonrió a Garrett.

Su alma se llenó de paz y consuelo.

Los dos se miraron el uno al otro con los ojos llorosos y gozosos a la vez, y colapsaron en un abrazo.

Epílogo

El tiempo pasó, y Jonna y Garrett se casaron en una ceremonia hermosa.

Tuvieron la bendición de contar con la presencia de los padres de Garrett, mientras que los padres de Jonna estuvieron con ellos en espíritu, brindándoles su amor.

El salón de la ceremonia estuvo lleno de rosas, rojas por Eddie Ruth y amarillas por Miss Texas. También hubo lupinos de Texas en honor al padre de Jonna, Truman «Blue» Fitzgerald, apodado así por sus imponentes ojos azules.

Jonna también llevó un relicario en su ramo. De un lado, tenía una fotografía de sus padres el día de su boda y, del otro, una en su aniversario cincuentenario. Su amor había sido para toda la vida.

Hace poco tiempo, Jonna y Garrett vendieron la casa de Eddie Ruth, el rancho en el que Jonna creció. Pero, antes de hacerlo, Garrett, el yerno amable y considerado, trasladó algunos de los rosales a su jardín para que Jonna pudiera disfrutarlos.

Ahora la cocina de Jonna está llena de un verdadero dulce: el aroma encantador y reconfortante de las rosas de su tierna madre, recordatorio de su amor eterno.

Reflexión

«Ya han brotado flores en el campo,
ya ha llegado el tiempo de cantar… ».

—Cantares de Salomón 2:12 (DHH)

Eddie Ruth encontraba felicidad en su jardín y en la gloria de la creación de Dios, y compartió su dicha con

Jonna, Garrett y sus seres queridos, incluso después de su muerte.

Si estás sufriendo por la muerte de una madre, hermana, hija o amiga, deja que el espíritu de Eddie Ruth también hable contigo. Aunque las extrañemos enormemente, el amor que hemos compartido nunca muere.

Cada primavera, la estación de la Resurrección es tuya para celebrar; es hora de deleitarse en el renacimiento de la naturaleza que vuelve a florecer, gloriosa y hermosa.

Es una muestra anual de la presencia de Dios en tu vida, a tu alrededor, día a día.

2B

Katherine y Diana —¿Se ha perdido la esperanza?

El diamante Hope (que en inglés significa “esperanza”) es, tal vez, el más famoso del mundo. Es bellísimo, invaluable y tiene un brillo incomparable.

De este mismo modo describía Diana Himmelstein a su difunta madre, cuyo nombre era Hope.

Un día, en su habitación bañada por el sol de la mañana, Diana se encontraba admirando el anillo de diamantes que su querida madre le había legado. No era un diamante de más de cuarenta y cinco quilates, como la gema histórica exhibida en el Museo Nacional de Historia Natural de los Estados Unidos, pero la joya significaba mucho para Diana.

«Es hermosa, pero lo más importante es que mantiene a mi madre cerca de mí», pensaba.

Diana estaba a punto de ponerse el anillo, pero se detuvo para untarse un poco de crema en las manos.

Una de las muchas cosas que tenía en común con su madre era la forma de sus manos: dedos delgados con nudillos anchos. Así que el adaptador metálico dentro del anillo también se ajustaba a su dedo perfectamente.

Diana se tomó un momento para que la loción se secara mientras disfrutaba del aroma relajante, y dejó el anillo cerca de su bolso antes de ponerse en modo maternal y alistar a sus dos hijos para empezar el día.

Miró la hora: se les hacía tarde. Así que bajó algunos escalones y gritó:

—¡Dense prisa, niños! ¡Hora de irnos!

A pesar de que no era un día de clases, tenían planes de ir a un centro de trampolines en una pequeña plaza en la calle Armour, en el West Town, al norte de Chicago.

Los niños salieron corriendo y subieron al vehículo, y Diana se apresuró a tomar su bolso para seguirlos.

«¡Ojalá fuera tan fácil hacerlos salir para ir a la escuela!».

A algunas calles de distancia, Katherine Gloede seguía en duelo por la pérdida de su padre, Ben Plominski, quien había muerto de glioblastoma, un cáncer cerebral poco frecuente.

Su padre, un ingeniero mecánico brillante que había emigrado de la Polonia comunista en los setenta, era su héroe. Había conocido y se había casado con su madre, Barbara, una campeona de tenis de mesa polaca, y había iniciado un negocio como electricista para mantener a su familia. Era un americano orgulloso que disfrutaba de la vida.

Tan solo de observarlo, Katherine había aprendido el valor de esforzarse por lo que deseaba y la importancia de siempre hacer lo correcto.

Parte del dolor de Katherine se manifestó como ansiedad

por la salud de su esposo, Dan. Lo amaba y no podía soportar la idea de que algo le pasara, pero Dan estaba sufriendo mucho estrés en el trabajo, pues estaban sucediendo cambios importantes e inesperados, y Katherine le suplicó que visitara a un médico para que lo examinara.

El médico le aconsejó a Dan que comenzara a hacer ejercicio con un entrenador personal, y le recomendó uno que trabajaba en una plaza pequeña en la calle Armour, en el West Town.

Mientras los niños jugaban a ver quién podía saltar más alto, Diana vio a Danielle y a Becky, las madres de unos conocidos de sus hijos, a quienes no había visto en meses.

En medio de la charla sobre las novedades de los niños, Diana se miró la mano y notó que, en medio de las prisas por salir de la casa, había olvidado ponerse el anillo. Pero no había problema; se lo pondría al volver a casa.

El sol de la mañana teñía el cielo de colores majestuosos cuando Dan llegó para la primera sesión con el entrenador personal. Condujo hacia la calle detrás de una plaza pequeña en forma de «L», rodeada de edificios viejos de ladrillo, en los que había varios negocios, entre ellos un centro de trampolines. Siguió avanzando hasta el final de la plaza y estacionó frente al gimnasio.

Mientras bajaba del carro, recibió una llamada. *Uff*, era del trabajo. Atrás quedaba la idea de que el gimnasio aliviara su estrés. Contestó la llamada en el estacionamiento y comenzó a caminar de un lado al otro, frente a un basurero enorme y apestoso.

Cuando finalmente se detuvo, con una mano en la cabeza por la frustración, terminó la llamada y miró hacia abajo; algo brillaba en el asfalto. Cuando lo miró más cerca y se inclinó para recogerlo, vio que era un anillo.

No sabía si era un juguete, una réplica o una joya real, pero estaba dañada. Parecía que un automóvil le había pasado por encima.

«¿Qué hace un anillo tan hermoso junto a un basurero?», se preguntó.

No tenía tiempo para preocuparse por otra cosa, así que entró al gimnasio y le dio el anillo al recepcionista para que lo guardara con los objetos perdidos.

Diana estaba llorando. ¡No podía encontrar el anillo de su madre! Sabía que debía estar en algún lugar de la casa.

Lo buscó por todas partes. Movió los muebles. Revisó cestos de basura. Abrió armarios, aparadores y cajones. Puso la casa de cabeza y… nada. Revisó los mismos lugares una y otra vez. Luego buscó en lugares extraños, como en el refrigerador.

Repasó sus actividades de esa mañana en su mente. Recordó que había estado apurada y distraída por la emoción de sus hijos por llegar al centro de trampolines.

El pánico se apoderó de ella. Se sentía devastada. ¡El anillo de diamante de su madre era invaluable!

Al terminar su entrenamiento, Dan llamó a Katherine de camino al trabajo y le contó del anillo que había encontrado.

La abogada en ella despertó y le dijo que debía volver y recuperarlo.

—Tengo muchas cosas que resolver ahora como para preocuparme por esto, Katherine. Si tú quieres buscar a la dueña, volveré a buscarlo, pero no me involucraré.

—Ya estamos involucrados. Ve a buscar el anillo. Y no te preocupes, yo me encargaré.

—¿Cómo lo harás?

—No sé cómo, pero lo haré.

Él la conocía muy bien como para saber que no debía dudar de ella, así que dio la vuelta y regresó al gimnasio.

Diana buscó el anillo durante semanas, con más y más ansiedad conforme pasaban los días.

Aunque ya habían pasado años desde la muerte de su madre, aún la extrañaba a diario, y no tener el anillo se sentía como perderla otra vez.

Creía que la joya se encontraba en su casa, pero debía tener en cuenta la posibilidad de que se hubiera perdido en el centro de trampolines, que era el único lugar al que había ido ese día.

La mujer que contestó el teléfono en el centro revisó los objetos perdidos. Nada. De todas formas, solicitó la información de Diana y prometió consultar con el resto del personal, pero nadie llamó.

Cuando Katherine tuvo en sus manos el anillo que su esposo había encontrado, supo que significaba mucho para alguien. El adaptador metálico roto dentro de la sortija daba a pensar que había sido legado. De madre a hija, tal vez.

Y sintió que, de algún modo, tenía ayuda divina en esa tarea de hacer lo correcto y encontrar a la dueña de la joya.

Así que llamó a su padrino, un joyero retirado de Florida, quien le indicó cómo limpiar el anillo, aunque también le dijo que, a simple vista (y por lo que podía ver a través de la cámara del teléfono), no creía que fuera real.

A Katherine no le importaba si era una joya auténtica o no, porque sospechaba que era importante para alguien y quería hacer lo correcto.

Sin embargo, la llevó a un joyero local para averiguarlo de todas formas.

La respuesta que obtuvo la dejó boquiabierta. No solo *era* una joya real, sino que también valía treinta mil dólares.

Diana estaba perdiendo las esperanzas. Tal vez el anillo de su madre se había perdido para siempre.

Entre los papeles de Hope, Diana descubrió que su madre había hecho restaurar dos veces el anillo de compromiso desde que Gary, su amado esposo durante cuarenta y dos años, se lo diera a comienzos de los setenta.

Necesitaría la valuación más reciente para poder darle una descripción exacta a la aseguradora y para hacer una réplica, por lo que llamó a varios joyeros de Filadelfia para encontrar al que había restaurado el anillo de su madre, pero no tuvo éxito.

El día que cumplió cuarenta, Diana despertó pensando que *ese* era el día en que recibiría ayuda divina en su búsqueda. Tan solo lo supo.

Esa tarde, tuvo una idea: aún quedaba una joyería cercana a la casa de sus padres.

Al llamar, le dijeron que todavía tenían registros de su madre, por lo que pudo acceder a la valuación y descripción completas del anillo, con todos los detalles. Con esa información, podría conseguir los fondos con la aseguradora para recrear la joya.

«Qué gran regalo de cumpleaños», pensó. Sin su preciado anillo, lo mejor que podía tener era una réplica exacta.

Katherine se comprometió con su causa. Muchas personas conocían su determinación, así que era hora de redoblar los esfuerzos en la búsqueda de la dueña del anillo.

Completó un informe policial. Valuó e incluso aseguró la joya, en caso de necesitar información adicional o de que algo le pasara antes de encontrar a la dueña. Realizó publicaciones en todos los grupos de redes sociales que creyó relevantes, y muchas personas respondieron afirmando ser dueñas del anillo.

Pero no lo eran.

A pesar de haber dicho que no se involucraría, Dan admiraba la cruzada de su esposa y quería apoyarla. Así que todas las semanas consultaba en el gimnasio si alguien había reportado un anillo perdido, pero nadie lo había hecho.

Recorrió varias veces los demás negocios de la calle (no

solo el gimnasio, sino también la cervecería y el centro de trampolines), pero tampoco tuvo suerte. Nadie sabía nada sobre un anillo perdido.

Los amigos y colegas de Katherine le decían que se rindiera.

«Has hecho lo mejor posible, y ya no queda nada por intentar. Es como encontrar una aguja en un pajar. El que se lo encuentra, se lo queda».

Pero Katherine persistió. La búsqueda le dio un objetivo y la distrajo del dolor por la pérdida de su padre, que estaba allí, bajo la superficie.

Creía con todo el corazón que el espíritu de su padre estaba en esa misión con ella y que, juntos, lo lograrían. La voz de él era la más fuerte en su corazón.

«No te rindas».

Un día de junio, a las 9:44 a. m., el anillo de reemplazo llegó a la casa de Diana, que abrió el paquete y sostuvo la réplica en la mano.

Sí, era hermosa, pero la hizo llorar.

Se veía como el anillo de su madre, pero en realidad no lo era.

Unos minutos más tarde (dieciocho, para ser exactos), apareció una llamada perdida en su teléfono.

A pedido de Katherine, Dan recorrió por tercera vez los negocios de la calle en la que había encontrado el anillo.

Había una persona diferente en el centro de trampolines,

a quien le preguntó, ya como un autómata, si alguien había reportado la pérdida de un anillo.

—Déjeme revisar el registro de objetos perdidos.

«¿Registro de objetos perdidos? Qué interesante, nadie lo mencionó en todas las veces que estuve aquí».

—De hecho, sí. Al parecer, Diana Himmelstein perdió un anillo en abril.

—¿Podría darme su información de contacto?

—Claro.

La mujer la leyó en voz alta para que él la anotara en su móvil.

«¡Katherine estará encantada de tener una nueva pista!», pensó Dan, emocionado.

Más tarde, después del trabajo, le daría la información a su esposa para que pudiera llamar a Diana Himmelstein. Hasta entonces, usó un método infalible para guardar el número en su móvil: marcó y colgó de inmediato.

El número dieciocho es muy importante en la fe judía. Significa *chai* o «vida», y es considerado de buena suerte. Y habían pasado dieciocho minutos exactos entre la llegada del anillo nuevo de Diana y la llamada perdida en su móvil.

Ella nunca devolvía las llamadas perdidas, pues asumía que todas eran basura. Pero de pronto se encontraba llamando de vuelta a un número que no había reconocido.

Respondió un hombre con voz sorprendida, pues no esperaba que le devolvieran la llamada, y mencionó algo acerca de un anillo.

Diana, sorprendida, le gritó al interlocutor desconocido.

—¿¡ENCONTRÓ MI ANILLO PERDIDO!?

Él le dijo que había encontrado un anillo en abril, en un estacionamiento cerca del centro de trampolines. Diana se quedó sin aliento. ¡Era algo fuera de lo normal! ¡Ese tenía que ser su anillo!

Cuando el hombre le dio su correo electrónico, ella reconoció el nombre. Dan Gloede. *¿Sería cierto?* Años atrás, lo había conocido por medio de un contacto de negocios.

Katherine era custodia de un anillo de treinta mil dólares, así que no podía dárselo a cualquiera. Tenía que estar cien por ciento segura de que esa persona, Diana, fuera la verdadera dueña.

La información que Diana les había enviado por correo electrónico parecía coincidir, pero aún tenía dudas, así que ella y Dan organizaron un encuentro en persona.

—¿El anillo tiene una característica particular que lo identifique? —preguntó Katherine.

Diana habló de la transparencia, del corte, del tamaño y de todos los detalles técnicos de la valuación, pues quería ser precisa y que le creyeran.

—Sí, pero ¿tiene algo que indique que *solo* podría ser tuyo?

A Diana no se le ocurría a qué se refería. El anillo no tenía grabados ni nada similar. ¿Cómo podía probar que era de ella? Le costaba pensar bajo presión.

Hasta que lo recordó de pronto: el calce. Como Cenicienta y el zapato. El adaptador metálico dentro del anillo y algo que compartía con su madre: unos nudillos más grandes que sus delgados dedos. Con los ojos como platos, soltó lo que se le vino a la mente.

—Hay un pequeño dispositivo dentro del anillo; sirve para adaptar el calce en los nudillos.

—¡Sí!

Como si fuera un tesoro, Katherine dejó el anillo en la mano de Diana.

Diana lo tomó con cuidado. Estaba dañado y doblado por haber sido pisado por un vehículo, pero era el anillo de su madre y estaba feliz de tenerlo otra vez.

Diana y Katherine se miraron y lloraron de alegría y alivio.

Una vez que la tensión se disipó, entablaron una amistad instantánea.

Katherine sintió la necesidad de hablarle de algunas de las cosas que había descubierto en su trabajo detectivesco, gracias a los familiares y amigos que la habían ayudado en el proceso.

—Himmelstein significa «piedra del cielo» —compartió entre risas.

—¡Así es!

—Hay algo más que me parece increíble —continuó Katherine, e hizo una pausa antes de revelar otro Guiño de Dios con el mayor de los respetos—. Mientras leía el obituario de tu madre en el *Philadelphia Inquirer*, comencé a preguntarme cuál habría sido la causa de su muerte. Y allí estaba la respuesta: glioblastoma.

Diana asentía con la cabeza mientras Katherine explicaba su punto.

—¡*Esa* es la misma enfermedad poco frecuente de la que murió *mi padre*! Solo se diagnostican trece mil casos al año en los Estados Unidos.

—Vaya —murmuraron al unísono.

Maravilladas, pensaban en que algún día descubrirían que esa aventura divina podía haberse dado por un fin más grande que un anillo perdido.

—Ya lo veremos —musitó Katherine.

Diana seguía intentando procesar la revelación que había tenido más temprano.

«Las dos hemos estado sufriendo la pérdida de un padre amado, y ambos murieron por la misma enfermedad poco frecuente. ¿Qué tan probable es eso?».

Epílogo

El anillo no tenía reparación, pero le dijeron a Diana que era un milagro que el diamante de Hope no hubiera sufrido ningún daño.

Además de enviar un cheque de reembolso para la compañía aseguradora, Diana le regresó el diamante del anillo réplica al joyero, aunque conservó la banda. Luego, el joyero colocó el diamante de Hope en el anillo nuevo, que era igual al original. Incluso tenía el adaptador metálico dentro.

Durante los años siguientes, Katherine y Dan recibieron muchas bendiciones, incluso nuevas oportunidades laborales y bonos inesperados. ¿Estarían conectadas con el anillo? Solo Dios sabe.

Pero haber encontrado y devuelto el anillo de Hope le dio a Katherine el mejor de los regalos: una sensación de cercanía con el recuerdo de su padre y mucha paz y consuelo durante el tiempo de duelo.

«Es como si hubiera enviado un mensaje desde el cielo, diciendo que llegó a salvo y que todo está bien».

Reflexión

«Pero algo más me viene a la memoria,
lo cual me llena de
esperanza:
Por el gran amor del Señor no
hemos sido consumidos y su
compasión jamás se agota».

—Lamentaciones 3: 21–22 (NVI)

Cuando la madre de Diana fue diagnosticada con glioblastoma, le dieron quince meses de vida. Sin embargo, con una fuerza y una positividad increíbles, la familia tuvo la bendición de disfrutar de Hope por cinco años más.

«Aun después de su muerte, sentí su esperanza en la vida. Aunque ocurriera lo peor, todo estaría bien», dijo Diana.

¿Y no es eso un Guiño de Dios?

¿Recibir el amor desde el cielo? ¿Recibir los abrazos?

¡Les deseamos abrazos y Guiños de Dios a cada uno de nuestros lectores!

2C

Virginia — Una sorpresa para la futura mamá

Virginia Haworth Berg recuerda con cariño a su madre, Kathy. Era una mujer de fe que siempre buscaba señales, Guiños de Dios, en objetos aleatorios, como matrículas de carros o billetes de dos dólares.

Para Kathy, esas «señales de esperanza» siempre confirmaban que estaba en el camino correcto.

Por ejemplo, tras pagar la cuenta durante una cena por el Día de las Madres con Virginia y Savannah, su hermana, Kathy encontró no uno, sino dos billetes de dos dólares al recibir el cambio. Se emocionó y gritó:

«¡Esta tiene que ser una señal!».

Como confirmación, sacó un lápiz de su bolso y escribió la fecha (9 de mayo de 2010) en cada billete. Le dio uno a cada una de sus hijas y les pidió que los guardaran como un recuerdo de ese Día de las Madres tan especial.

Unos años después, cuando la salud de su madre comenzaba a flaquear por un cáncer debilitante, Virginia intentaba hacerse a la idea de no tenerla en su vida diaria. Le entristecía que su madre no fuera a conocer a su futuro esposo ni a sus hijos.

Le expresó ese dolor en su última conversación, y recuerda que, antes de cerrar los ojos para siempre, su madre sonrió y dijo con debilidad: «Si tan solo pudiera tener un atardecer más contigo… ».

En ese momento de dolor y pérdida, Virginia fue testigo de lo injustos que son los caminos de la vida. Sin embargo, agradecía haber visto el optimismo y la fe inquebrantable de su madre. Sentía que, de algún modo, seguiría conectada a ella, tal vez a través de esas «señales», esos Guiños de Dios, que su madre veía en todas partes.

Después del funeral, descargó una copia del libro *When God Winks* (Cuando Dios guiña un ojo), con esperanzas de que la ayudara a procesar el duelo. Y lo hizo.

«Me ha dado mucha paz y consuelo», le dijo a su hermana.

Unos años después, Virginia ya estaba felizmente casada con Charlie Berg y esperaba su segundo hijo. Un viaje de fin de semana con el amor de su vida parecía oportuno antes de la llegada del nuevo bebé.

Durante la cena, en la que escucharon música romántica en vivo mientras miraban el atardecer sobre el agua, Charlie abrió su cartera para darle una propina a la banda.

—Ah, encontré esto entre los papeles que me pediste que triturara —dijo Charlie, y le entregó un billete de dos dólares.

Virginia lo observó y rompió en llanto.

—¿Qué ocurre? ¡Es solo un billete!

—¡No es solo un billete! Mamá me lo dio el Día de las Madres, ¿lo ves? —respondió Virginia, y le enseñó la fecha, 9 de mayo de 2010, escrita en la letra de su madre—. Ah, cielos. Tal vez mis plegarias pidiendo recibir el mismo don de mi madre para ver Guiños de Dios por fin han sido respondidas... —Sus ojos se dirigieron al paisaje—. ¡Mira, Charlie! Es un atardecer espectacular, como mamá lo pidió. ¡Esas fueron sus últimas palabras!

Bajó la vista, primero hacia su vientre abultado, cerca de dar a luz, y luego al billete de dos dólares en su mano, escrito por su madre, y conectó los puntos. Ese no era cualquier fin de semana, ¡era el fin de semana del Día de las Madres! Y faltaban pocos días para que su hija naciera.

Se levantó de un salto, abrazó a Charlie con fuerza y le susurró al oído:

«Creo que Dios acaba de cumplir el último deseo de mamá: que tuviéramos un último atardecer juntas. Y también mi deseo de que te conociera a ti y a nuestros hijos».

Permanecieron abrazados por un largo tiempo.

La filosofía de su madre tenía sentido: los Guiños de Dios nos suceden a todos. Solo tenemos que entrenar a los ojos para verlos.

Reflexión

Virginia quería ver las señales de Dios, pero tal vez sentía que su fe no era tan fuerte como para identificarlas, como sí podía hacer su madre.

Sin embargo, la capacidad de reconocer la voz silenciosa de Dios mejora con la práctica. La Biblia nos dice que, cuanto más lo busquemos a Él, más lo encontraremos. Y cuanto más busquemos Guiños de Dios, más los veremos.

Crea un hábito de buscar elementos divinos en tu vida y verás que el trabajo de Dios te está llevando al lugar correcto y al momento indicado para alcanzar el destino que Él te ha reservado.

Todo guiño divino es una comunicación de persona a persona; una señal que, entre las ocho mil millones de personas en el planeta, se te ha otorgado a ti.

¿Saber que eres tan especial a los ojos de Dios no hace a tu corazón saltar de alegría? Él desea darte señales de esperanza para elevar tu espíritu cuando más lo necesitas.

Eso fue lo que hizo por Virginia. Y lo hará por ti también.

«¿No se venden dos gorriones por una monedita?
Sin embargo, ni uno de ellos caerá a tierra sin
que lo permita el Padre».
—Mateo 10:29 (NVI)

2D

Ginger — Extrañar a mamá

El brillo azulado de la pantalla de la computadora iluminaba el rostro de Ginger mientras revisaba la lista interminable de productos de Amazon. Era como buscar una aguja en un pajar.

«Cielos, si tan solo pudiera recordar el nombre del libro… ».

Sonrió al recordar la alegría de su madre el día en que le dio ese libro. Lo había comprado en línea de forma impulsiva porque contenía la clase de remedios caseros con los que su madre había crecido al este de Texas, los que le gustaba recitar con un guiño, como, por ejemplo, «La mejor cura para una picadura de abeja es cubrirla con tabaco».

«Tendrás que mascarlo un poco primero, por supuesto», añadía con una sonrisa.

«Rayos. ¿Quién podía recordar el nombre de un libro de hace quince años? Y mamá, la única persona que podría decírmelo, se ha ido a vivir contigo, Dios».

Los títulos que leía bien podían estar escritos en griego, ya que ni siquiera tenía idea de cómo empezaba el que buscaba.

Ni siquiera entendía por qué estaba pensando en ese libro de repente. Tal vez era solo porque extrañaba a su madre.

Sí, no había dudas de eso.

No es fácil perder a un ser querido, pero nada podría haber preparado a Ginger para el dolor de perder a su madre. Los recuerdos aparecían de repente y la pena parecía nunca terminar.

«Era una buena madre», decía cuando alguien le preguntaba por ella en el trabajo. Pero iba más allá de eso: la amaba, la admiraba y tenían una buena relación, a pesar de que los últimos años habían sido más difíciles de lo que querría admitir. Porque casi tan difícil como perder a una madre era ver a un ser amado marchitarse bajo el peso debilitante de la demencia.

Ver confundida y con mala salud a la mujer fuerte a la que había conocido durante toda la vida fue aún más agotador para su relación cuando el deterioro mental de su madre derivó en animosidad hacia ella.

Ginger no la culpaba; era producto de la demencia, pero odiaba la enfermedad que se había robado a la maravillosa mujer que había sido su madre.

«Si tan solo pudiera recuperar a *esa* mujer… ».

En voz alta, solo para ella misma y para Dios, anunció:

«Si pudiera recuperarte al menos por un minuto, mamá, te diría lo mucho que aún te amo y cuánto te extraño».

Enseguida recordó que seguía sentada frente a la computadora, intentando encontrar el nombre de un libro que alguna vez les había hecho compartir muchas risas.

¿Estaba buscando una conexión con esa mujer ocurrente a la que tanto extrañaba? ¿Con la que había vivido hasta hacía apenas dos semanas?

Su madre se había ido al cielo hace dos jueves. El funeral, celebrado la semana anterior, había sido una hermosa despedida, una demostración de la devoción de su madre y de cómo dedicó su vida al bienestar de sus hijos.

«De vuelta al libro, ¿qué sucedió con él?».

Una serie de pensamientos pasó por la mente de Ginger.

«Mamá debió de dárselo a alguien en la iglesia. Eso era propio de ella», se dijo.

Tras pasar algunas páginas más en Amazon, decidió armarse de valor y ordenar un libro. Encontró uno que al menos encajaba en el tema de los remedios caseros y, avergonzada de haber perdido tanto tiempo revisando alrededor de una centena de libros, se apresuró a presionar el botón de «añadir al carrito».

Notó que el estado del libro estaba marcado como «bueno». Tal vez por eso era más barato, pues no era nuevo.

Pero a quién le importaba. Estaba hecho.

Una semana después, recibió un paquete con el envoltorio típico de Amazon. Ginger lo recogió de la puerta y lo dejó en el sofá hasta que tuviera tiempo de enfocarse en él.

Más tarde, mientras el cielo comenzaba a oscurecerse y la noche se extendía sobre el vecindario, Ginger se sentó a inspeccionar el paquete.

¿Qué esperaba?

En el mejor de los casos, había elegido un libro cuyo contenido se parecía al que tanto las había hecho reír a ella y a su madre. Y, tal vez, esas risas la harían sentir mejor.

Abrió el paquete y sostuvo el libro en sus manos; se veía un poco desgastado, pero en general estaba bien cuidado. Agradecía eso. Al pasar las páginas, prácticamente podía oler los remedios y sus aromas únicos. Mientras lo ojeaba, algo cayó de entre las páginas y voló al suelo. Se inclinó para levantarlo y lo dio vuelta en su mano.

«¿Qué es esto?».

Apenas podía creer lo que veía. Era una nota, y estaba escrita en una letra familiar inconfundible.

¡Era la letra de su madre!

> Decía: «Mi abuela hacía jabón de lejía con mantequilla. ¡Su aroma era celestial!».

Una descarga de emoción e incredulidad la recorrió al seguir pasando las páginas y encontrar otra nota. ¡Y otra más!

Su corazón se aceleró. Era como un tesoro escondido enviado directamente por su madre.

Este fue un genuino Guiño de Dios. A pesar del dolor que le había dejado la demencia de su madre, esas eran notas escritas por ella cuando aún estaba en todo su esplendor.

Con la ayuda de Dios, después de haber deseado recuperar a su madre saludable al menos por un minuto, se encontró leyendo las notas escritas por la propia mano de su madre.

Ese fue el momento sanador que Ginger estaba necesitando, y llegó de un modo que solo podría haber sido obra del Señor.

Él trasladó un libro olvidado de una biblioteca solitaria en algún lugar de la internet y lo llevó de vuelta a las manos de una hija que necesitaba saber que su madre aún la amaba.

Reflexión

Aquellas notas escritas a mano adquirieron un nuevo significado después de que la madre de Ginger se fuera al cielo.

Tras la pérdida de un ser amado, solemos descubrir que lo que más apreciamos son las pequeñas cosas. Dios quiere recordarnos el misterio en lo mundano.

Las notas fueron una garantía bendita de que sus corazones siempre estarían conectados y de que, algún día, volverían a encontrarse.

«Así que ahora ustedes tienen tristeza,
pero volveré a verlos; entonces se alegrarán,
y nadie podrá robarles esa alegría».

—Juan 16:22 (NTV)

3

Como una segunda madre

3A

Kathy Bee — Huellas en la arena

Dios bendijo a la joven Kathy Bee con una voz hermosa.

A los veinte años, estaba a punto de embarcarse en una emocionante gira internacional para compartir su don con otros. Su único problema era dejar a su adorada madre y a su amada familia en el pueblo de Bloomingburg, Ohio.

Ya tenía la maleta pequeña lista junto a la puerta.

Ella y su madre se encontraban sentadas muy nerviosas en el sofá, esforzándose por no romper en llanto y así no provocar a la otra.

Su madre le tomó la mano.

—Estoy muy orgullosa de ti. Y feliz. Ahora Dios hará que los deslumbres a todos, no solo a nosotros.

Kathy intentó darle las gracias, pero, por una vez, la voz le falló. Así que cubrió su labio superior con el inferior y asintió con la cabeza.

Se escuchó una bocina.

Una camioneta, llena de músicos y con la radio a todo volumen, se detuvo en la entrada de la casa familiar.

Kathy se levantó, y su madre la envolvió en un abrazo cálido. Cuando la dejó ir, le dio algo del tamaño de una tarjeta personal.

—¿Qué es esto? —preguntó Kathy cuando recuperó la voz.

—Un poema, «Huellas en la arena». Cuando te sientas sola, este poema te recordará que *nunca* lo estás.

—Gracias, mamá. ¡Te amo!

La besó en la mejilla y salió.

Mientras viajaban al sur, atravesando los límites del condado, Kathy contempló el paisaje familiar a su alrededor y luego bajó la vista hacia la pequeña tarjeta. Tres líneas llamaron su atención.

> … notaba huellas de pies en la arena…
> A veces aparecían dos pares de huellas.
> Otras, un solo par.

Y luego:

> ¿Por qué, cuando más te necesité,
> no caminaste a mi lado?

Y supo que leería ese poema una y otra vez. De hecho, parecía escrito especialmente para ella.

«Fue por eso que mamá me lo dio», pensó con una pequeña sonrisa al percatarse de que el paisaje se había vuelto desconocido y de que ya extrañaba a su madre.

Dos palabras al final del poema llamaron la atención de Kathy:

«Autor desconocido».

«¿Quién escribe algo tan hermoso y no le pone su nombre?», se preguntó.

Guardó la tarjeta en su cartera, de donde nunca la sacaría.

Dos años después…

Mary Stevenson, una mujer rubia y excéntrica de unos cincuenta años, entró al Club Palomino en North Hollywood, California, un lugar del que era cliente habitual.

Como exbailarina, la inspiraba la variedad de talentos que se lucían en el escenario del club semana tras semana. Ansiaba ver los nuevos rostros del espectáculo y amaba mostrarles su apoyo.

Tras saludar a los camareros con un gesto de la cabeza y una sonrisa radiante, se abrió paso entre la multitud hasta su mesa habitual, al fondo del salón, para esperar el comienzo del espectáculo.

Detrás del escenario, Kathy Bee apenas cabía en sí de la emoción. Desde su partida de Ohio, se había abierto paso en Los Ángeles y había grabado con una banda popular. Y se sentía muy bien consigo misma por haber sido invitada a cantar en vivo en el legendario Club Palomino en Lankershim

Boulevard, donde muchos otros artistas de música country habían despegado en sus carreras.

Se miró al espejo, conforme con su atuendo, un hermoso vestido largo de chifón amarillo y negro, y dijo una pequeña oración antes de salir:

«Dios, ayúdame a que sea un éxito, por favor».

Cuando llegó el momento, salió al escenario con confianza, miró a la banda y dijo con seguridad:

—«Blue Bayou» en si bemol.

En instantes, con su conmovedora versión de la canción de Roy Orbison, hecha famosa por Linda Ronstadt, tuvo a la audiencia comiendo de su mano. Muchos se movían o cantaban al ritmo de la música. También veía algunas lágrimas aquí y allá. Eso era bueno; estaba tocando sus corazones.

Cuando terminó de cantar, tardó un tiempo en bajar del escenario y atravesar la multitud de nuevos fanáticos que la detenían para pedirle su autógrafo.

Por fin llegó a la mesa reservada para artistas y se relajó en su asiento, hasta que alguien le tocó el hombro. Al voltearse, se encontró con la que sería su mayor fan: una mujer de unos cincuenta años y con una sonrisa radiante.

—¡Eres hermosa! Tienes una voz increíble. Y «Blue Bayou» es una de mis canciones preferidas de todos los tiempos.

La mujer se presentó como Mary Stevenson y le relató una versión de sesenta segundos de la historia de su vida, en la que incluyó que era descendiente de Robert Louis Stevenson y exbailarina de *Follies*.

—Pudo haber sido hace mucho tiempo, pero me mantengo en forma por si acaso —dijo, en un tono que sonó como Mae West, y dio unos pasos de *tap* allí mismo, seguidos por una reverencia y una enorme sonrisa.

Kathy aplaudió con entusiasmo y señaló la silla para invitarla a sentarse.

A pesar de la diferencia de edad, las dos pasaron la noche conversando e intercambiando historias sobre el negocio del entretenimiento.

Kathy, recién llegada de su gira, mencionó que extrañaba la comida casera, «como las de mamá en Ohio». A Mary le brillaron los ojos y le preguntó si le gustaba el espagueti, a lo que Kathy asintió con entusiasmo. ¡Por supuesto que le gustaba!

Perfecto, a Mary le encantaría invitarla a cenar un delicioso espagueti casero.

Agradecida, Kathy dijo que se moría de ganas de ir.

Un día o dos más tarde, Kathy llegó a la modesta casa de Mary en Buena Park. El jardín delantero estaba lleno de arbustos frondosos y de flores coloridas, que encajaban con la personalidad alegre de la anfitriona.

Mary abrió la puerta y escoltó a Kathy adentro.

—¿Cómo estás, pequeña? Espero que tengas hambre.

Kathy asintió e inhaló el delicioso aroma a salsa marinara que llenaba la casa. Al hacerlo, la impactó descubrir lo mucho que extrañaba a su madre y su comida casera, ambas en Ohio, a muchos kilómetros de distancia.

Cerca de los veinticinco años, Kathy había sido invitada a recibir un poco de la atención maternal y de la comida casera de un alma amable.

Rumbo a la cocina, Kathy notó una variedad de poemas enmarcados en las paredes. Se detuvo a leer uno.

—¡Qué hermoso poema, Mary!

—¿Te gusta? Yo lo escribí.

—¿De verdad? ¡Eres muy buena! —dijo impresionada.

—Si te gusta, tengo muchos más.

Con un guiño, Mary desapareció en otra habitación, de la que volvió con una gran caja de cartón. Apoyó la caja en la encimera de la cocina, la levantó de lado y dejó caer cientos de papeles, grandes y pequeños, escritos a mano o a máquina.

Mientras Mary volvía a la estufa para revolver la salsa, Kathy leyó algunos poemas.

—Me encantan —murmuró, y por dentro pensaba: «¿Qué hacen todos estos tesoros en una caja de cartón?».

Luego, notó un poema escrito en lápiz en un papel amarillento por el paso del tiempo. Cuando lo miró con más detenimiento, se sorprendió al leer el título: «Huellas en la arena».

—Mary, ¡este es mi poema preferido! Mi madre me lo dio para recordarme que, con la ayuda de Dios, puedo soportar cualquier tempestad. Significa todo para mí.

—Y significa todo *para mí* escuchar eso —respondió Mary con voz decidida, sin dejar de revolver la salsa. Kathy levantó la vista, a espaldas de ella.

—¿Por qué? ¿También eres fanática?

—¿Fanática? No, ¡yo lo escribí! —afirmó Mary con un rastro de tristeza en la voz.

—Pero… es de un autor desconocido.

Entonces, Mary se giró con una sonrisa dulce.

—Bueno, es un placer conocerte, Kathy. Mi nombre es Autor Desconocido —dijo con un ademán.

Mary rompió el silencio incómodo anunciando la cena.

—Hora de comer. ¿Me traes dos tazones, por favor?

En poco tiempo, ambas estaban sentadas a la mesa, haciendo girar los espaguetis y disfrutando de una cena «como las de mamá».

Kathy decidió no presionar a Mary con una docena de preguntas sobre aquel famoso poema y dejó que hablara sobre ese trozo de papel amarillento, dentro de aquella caja vieja, cuando ella quisiera.

Al terminar la cena, Mary se relajó y comenzó a hablar, casi como si Kathy acabara de hacer la pregunta.

—Tenía catorce años cuando lo escribí —dijo, con la vista perdida por encima de las cortinas.

Le contó a Kathy que sabía más de sufrimiento de lo que se suponía por su corta edad.

—Había pobreza extrema durante la Gran Depresión. Todos nuestros conocidos en Chester, Pensilvania, enfrentaban grandes dificultades. No había dinero ni comida.

—Hizo una pausa para beber un sorbo de su té verde—. Mi mamá murió de tuberculosis cuando yo tenía seis años.

Mi hermano mayor murió en un accidente unos años después.

Mary fue tomando ritmo frente a su atenta invitada y le contó de un día de invierno en el que se sentía triste. Se había ido más temprano de la escuela, pero al regresar a casa no había podido entrar, lo que la había hecho sentir peor. Entonces, se había sentado en el escalón de la entrada.

—Le pedí a Dios que me diera algo de valor que pudiera ofrecerles a los demás. Ayudar a otros siempre me daba ánimos, me daba un propósito.

En ese preciso momento, cuando bajó la vista, vio algo en la nieve.

—Nuestro gato había caminado por el jardín cubierto de nieve y había dejado un camino de huellas.

Y así, Dios comenzó a ayudar a Mary a darle forma a un nuevo poema en su mente.

Una noche soñé
que caminaba por la nieve con el Señor…

Hizo una pausa.

«No, no sonaba bien», pensó. «Tenía que ser un lugar cálido, donde Jesús caminara descalzo».

Una noche soñé
que caminaba por la playa con el Señor…

Los versos siguieron fluyendo.

Muchas escenas de mi vida se proyectaban en el cielo.
En cada escena que pasaba,
notaba huellas de pies en la arena.
A veces aparecían dos pares de huellas.
Otras, un solo par.

Mary sonrió al recordarse a los catorce años, cuando supo que Dios estaba tejiendo las palabras en su mente y en su corazón.

Eso me molestó porque pude notar que,
durante los momentos más tristes de mi vida,
cuando me sentía apenada,
angustiada y derrotada,
solo había un par de huellas en la arena.
Entonces, le dije al Señor:
«Señor, me prometiste que si te seguía,
siempre caminarías a mi lado.
Pero en los momentos más difíciles
había sólo un par de huellas en la arena.
¿Por qué, cuando más te necesité,
no caminaste a mi lado?».

Una sonrisita se desplegó en los labios de Mary y su mirada se volvió nostálgica... Jesús estaba por hablar en el poema.

Entonces Él me respondió:
«Cuando viste en la arena
solo un par de huellas
fue porque yo te cargaba en mis brazos».

Kathy no pudo evitar llorar.

Se sentía como en un santuario interior en donde había nacido todo lo sagrado y hermoso. Un lugar tan privado que solo vivía en la memoria, que no había sido grabado ni fotografiado. Que estaba siendo revelado en secreto en el humilde hogar de una mujer encantadora, al contarle una historia que muy pocas personas conocían.

Por un instante, sintió que se estaba inmiscuyendo en un momento privado entre esa amable mujer y Dios, quienes, juntos, habían llevado aquellas palabras, escritas en lápiz, al papel amarillento en esa caja, cuando la mano de Mary era la de una jovencita y su destino era el de una prodigio.

Mary le contó a Kathy cómo había compartido el poema con amigos, familiares, extraños y personas necesitadas, y que una bailarina que solía conocer le había dicho que el poema le había salvado la vida en momentos difíciles.

Durante la guerra de Vietnam, había trabajado como voluntaria en el armado de kits de cuidado para las tropas (y horneando galletas). Y, de vez en cuando, le gustaba deslizar copias del poema dentro de las cajas.

De todas formas, Kathy seguía sin comprender el asunto de la autoría.

—¿Por qué no hiciste que todo el mundo supiera que habías sido tú la autora de uno de los poemas más inspiradores del mundo?

—Porque nadie me creería —respondió Mary con tristeza.

—Bueno, pues yo te creo. Y haré algo al respecto —afirmó Kathy.

Y lo ha hecho. Durante toda su vida adulta, Kathy Bee ha ayudado a Mary, de todas las formas que ha podido, a dar a conocer quién era ese «autor desconocido».

Contactó a abogados y científicos forenses, animó a Mary a obtener derechos sobre la autoría del poema y la ayudó a escribir un libro sobre su historia para que el mundo supiera la verdad: Autor Desconocido ya tenía nombre, y era Mary Stevenson.

Epílogo

Aquella cena de espaguetis fue el comienzo de una amistad especial.

Han hecho colaboraciones a lo largo de los años, como la canción de Kathy, *Momma Don't You Love Me*, basada en el poema «La pequeña semilla», escrito por Mary.

En un artículo para un periódico acerca del éxito de la canción, Mary fue nombrada como autora del poema «Huellas en la arena» por primera vez.

Las dos se hicieron grandes amigas, cercanas como hermanas, a veces hasta como madre e hija, siempre ahí la una para la otra, en las buenas y en las malas.

Cuando Mary cayó enferma, Kathy estuvo allí, sentada a su lado, cuidándola y deseándole que volviera del coma con canciones que la inspiraran. ¡Y funcionó!

Fueron amigas hasta el final… y más.

Reflexión

¿Hay una Mary o una Kathy en tu vida? ¿Una madre sustituta que crea en ti cuando nadie más lo hace?

¿Alguien que esté para ti cuando el resto del mundo no lo está?

¿Acaso tu vida no es mucho más plena gracias a cómo han guiado tus pasos y fortalecido tu fe?

Todos deberíamos tener esa bendición.

«Te abriste paso por el mar;
atravesaste muchas aguas,
pero nadie encontró tus huellas».
—Salmos 77:19 (**DHH**)

3B

Louise — Mi maestra fue una segunda madre

El senador estadounidense John N. Kennedy pronunció su discurso con firmeza.

—No puedo nombrar en orden al tercero, cuarto y quinto presidente de los Estados Unidos, pero… —Hizo una pausa para mirar alrededor—. *Sí* puedo nombrar en orden a mis maestras de tercero, cuarto y quinto de primaria.

Casi todos sabían que el senador Kennedy estaba en lo cierto, pues las maestras tienen un impacto imborrable en cada uno de nosotros.

Suelen trabajar por amor más que por dinero, ayudan a los niños a encontrar sus propósitos en la vida, los preparan para el futuro y educan a los líderes del futuro.

Si alguien te preguntara cuál fue la maestra que más ha influido en tu vida, ¿cuánto tardarías en responder? ¿Dos segundos? ¿Tres?

La maestra más influyente e inolvidable para Louise fue la señora Berenice Bennett, maestra de Lengua Inglesa y del taller de Teatro de la secundaria Quincy.

La señora Bennett también era como una «segunda

madre» para Louise, una persona que Dios pone en el camino para que potencie las lecciones y aspiraciones de la propia madre.

«La señora Bennett demostró que creía en mí cuando yo no creía en mí misma. Me inspiró a seguir mis sueños y reconoció que, a pesar de mi timidez, sentía una pasión innata por la actuación, así que la alimentó», recuerda.

Un día, la señora Bennett le dijo a Louise que su esposo enfermo, un profesor universitario, quería escribir sus memorias, pero que había perdido la motricidad de las manos por su condición. Luego le preguntó si podía contratarla para que fuera a su casa después de la escuela y escribiera lo que su esposo le dictara.

«Comprendí que la tarea tenía un doble objetivo. Por un lado, animar a su esposo; por el otro, darme un trabajo que me permitiera estar más cerca de la actitud positiva y alentadora que ella tenía en nuestras charlas diarias. Cuando hablábamos después de la escuela y yo decía que no podía hacer algo, ella decía que sí. Su fe en mí me permitió tener fe en mí misma».

«Hoy sé que, sin el tiempo amoroso que ha dedicado a enseñarme a desenvolverme, a apuntar alto, probablemente nunca hubiera llegado a la industria del entretenimiento ni a cumplir mis sueños de la infancia».

Uno de los recuerdos más conmovedores de la señora Bennett sucedió muchos años después, cuando Louise consiguió su primer espectáculo en Broadway.

Louise recuerda haberse asomado por el telón del teatro Lunt-Fontanne.

«Estaba allí, en primera fila. Y su presencia seguía animándome mucho después de la graduación. Pero pude ver que mi maestra, que solía ser dinámica y fuerte, estaba débil. Tenía problemas oculares debido a la degeneración macular. Sentí un mar de emociones. Su corazón desinteresado me había llevado hasta allí. Fue ella quien vio algo que yo misma no veía en mí y quien me ayudó a superar la timidez. Le debo mucho por lo que ha hecho por mí y por tantos estudiantes que la veían como a una segunda madre. ¡Su dedicación nos ayudó a lograr más de lo que hubiéramos podido soñar o imaginar!».

Reflexión

¿Qué otra profesión tiene el poder de impactar las vidas de otros de forma tan duradera y personal?

El ochenta por ciento de los adultos estadounidenses dicen haber tenido una maestra o maestro que ha dejado una marca en sus vidas.

En este mundo inestable, nuestros hijos necesitan educadores y mentores maravillosos como la señora Berenice Bennett. Las maestras son elegidas por Dios para un propósito mayor. Influyen en las mentes jóvenes y potencian su capacidad de contribuir de forma positiva con este mundo.

«De manera que cualquiera que quebrante uno de estos
mandamientos muy pequeños,

y así enseñe a los hombres,
muy pequeño será llamado en el reino de los cielos;
mas cualquiera que los haga y los enseñe,
este será llamado grande en el reino de los cielos».

—Mateo 5:19 (RVR1960)

3C

Felisha — Como una madre

«Tienes que ver si está bien», pensó Felisha Coyner al pasar junto a la chica del parque.

Felisha, una mujer que transmitía calidez y que animaba a los demás tan solo con su actitud, disfrutaba de las cuatro calles que debía caminar hacia su trabajo como asistente legal, en la oficina del fiscal general en Charleston, al oeste de Virginia. La caminata no solo la ayudaba a alcanzar su «conteo de pasos» diario, sino que allí también disfrutaba de observar a las personas en el camino.

Solía saludar en su tono amable a las personas al pasar, pero nunca se había detenido a conversar con nadie.

Hasta ese día.

Durante esa mañana, se sintió atraída hacia una joven de no más de veintitrés años, sentada con un niño que rondaba los cuatro años. No podía dejar de sentirse inquieta.

«Algo anda mal», pensó.

La idea le dio un vuelco al corazón, así que redujo el paso apenas un poco. Luego se detuvo por completo y, dudosa, dio media vuelta para caminar hacia la madre y el hijo.

—Hola, ¿te encuentras bien?

—Estoy bien —respondió la chica en un tono poco convincente.

—¿Puedo sentarme un momento?

—Adelante —murmuró la joven.

El niño se escondió detrás de la madre. Cuando se atrevió a asomarse, Felisha lo saludó con la mano.

«¿Qué haces?», se dijo a sí misma. Nunca había hecho algo como eso y sentía que estaba actuando como una loca. Pero no podía vivir consigo misma si algo andaba mal y no se había detenido a ayudar.

—Tu hijo es muy dulce. Debes de ser una gran madre.

La joven agachó la cabeza, así que Felisha guardó silencio para darle espacio.

—Mi madre murió de cáncer hace unos meses. Soy una perdedora sin nadie más que me quiera.

Felisha la miró con compasión. La joven no se estaba autocompadeciendo, sino que sufría de una tristeza profunda, de un dolor inmenso y debilitante en el fondo de su alma.

—Tienes mucho de lo que enorgullecerte. Tienes a este niño increíble. Juntos, tienen suficiente amor para seguir adelante.

El niño se asomó otra vez y exhibió una sonrisa tímida.

—Parece que admirabas a tu madre —arriesgó Felisha—. Estoy segura de que ella hubiera querido que te amaras a ti misma. Así podrás ofrecerle a tu hijo tanto amor como ella te ha dado a ti.

La chica movió la cabeza despacio de arriba abajo, casi

como si estuviera asintiendo. Luego hizo una pausa para pensarlo.

—Sé que tienes razón —susurró por fin—. Pero me siento perdida y sola.

Felisha ya se había salido de su zona de confort; ¿qué daño haría alejarse un poco más?

—¿Te molestaría si rezo contigo? —Se sorprendió a sí misma, pues jamás rezaba en voz alta.

Rezaba con regularidad y fe, pero nunca en voz alta si había otras personas. En especial con alguien que no conocía.

—Gracias, eso sería agradable —dijo la chica.

Y Felisha entró en pánico por dentro.

«¡Sí! ¿Y ahora qué?», pensó.

A pesar de la incertidumbre, tomó las manos de la joven, abrió la boca y… la oración salió con naturalidad. Apenas duró un momento, pero a Felisha le pareció una eternidad. Fue como una experiencia incorpórea, como si viera a otras personas rezando desde afuera.

Al terminar, Felisha abrió los ojos.

La joven lloraba a mares. El niño se había deslizado entre las dos y estaba sujetando los brazos de Felisha, como si supiera que esa mujer amable estaba salvando a su madre.

—Vas a estar bien. Todo estará bien —dijo Felisha después de buen rato.

—No lo entiendes. Tengo problemas con las drogas. Y aun cuando estaba enferma, mi madre intentaba ayudarme, pero yo no escuchaba sus consejos. No dejaba que me llevara a rehabilitación ni a reuniones. Y he estado en un lugar muy oscuro desde su muerte. Siento que la he decepcionado. —La chica se secó los ojos y respiró hondo—. No he tomado drogas por dos meses, pero estaba aquí sentada, lista para buscar una dosis.

Felisha se quedó pasmada.

Sabía cómo era la situación con las drogas en el oeste de Virginia, donde morían jóvenes todos los días. Pero nada en esa joven dejaba entrever su lucha interna. Era hermosa, estaba bien vestida... Nada en ella daba a pensar que estuviera en un problema semejante.

—Las últimas semanas, he estado pidiendo una señal, un indicio de que mi madre seguía conmigo. Y en tu oración, has dicho lo mismo que ella decía. Las mismas palabras exactas. —Miró a Felisha a los ojos con intensidad—. Mi madre vino a mí a través de ti y evitó que me drogue.

Felisha estaba devastada. Nunca le había pasado algo así.

Deseaba con todas sus fuerzas abrazarlos a ambos y llevarlos a casa con ella. Pero el abuelo de la joven iría a buscarlos más tarde, y se preocuparía si no los encontraba.

Entonces, antes de ir al trabajo, le dio su número de teléfono a la chica.

Si se lo preguntan, Felisha aún no tiene idea de lo que dijo en esa oración.

«Me pregunto por qué Dios me usó para ello», suele pensar con incredulidad.

¿Por qué Dios les hizo un guiño a ella, a la chica y al niño? Tal vez porque necesitaban ayuda.

Y tal vez, solo tal vez, porque Felisha estaba dispuesta a salir de su zona de confort para ofrecerla.

Reflexión

Felisha sintió que Dios la impulsó a voltearse y comprobar cómo se encontraban la joven y su hijo.

Dos frases de la joven necesitada de esperanzas se grabaron en la mente de Felisha.

«Mi madre vino a mí a través de ti y evitó que me drogue».

«He estado pidiendo una señal, un indicio de que mi madre seguía conmigo».

Salir de nuestra zona de confort puede hacernos sentir incómodos e incluso temerosos, pero es entonces cuando los Guiños de Dios suceden.

Una forma de demostrar que amas a alguien es tan solo preguntando si puedes rezar por él. El acto de rezar por alguien no es solo una bendición para el otro, sino también para ti.

«Quien ama a Dios, ama al prójimo».

—1 Juan 4:21 (ESV)

4

Mamás de perros y gatos

4A

Pam — Bullet es mi bebé

Era una tarde tranquila del Día de las Madres cuando llamaron a la puerta de Pam en Bellport, Long Island, New York. Cuando abrió la puerta, ¡no había nadie!

Cerró la puerta, pero el timbre volvió a sonar. Volvió a abrir y, en esa ocasión, miró hacia abajo. Allí había una canasta con una nota: «¿Quieres ser mi nueva mamá?».

Dentro de la canasta estaba la más hermosa bola de pelos en forma de *golden retriever* que hubiera visto jamás. Tenía un listón rojo alrededor del cuello y la miraba con orgullo.

Para el cachorro, fue amor a primera vista.

Ella rompió en un llanto de alegría y tristeza a la vez. Había pasado por muchos momentos difíciles el último año y el cachorro era un regalo de despedida, un acto de bondad de parte de un exnovio para ayudarla a atravesarlos.

Bullet era un rayo de sol alegre que siempre parecía estar sonriendo. También era muy perceptivo con las emociones, en especial con las de Pam, y siempre estaba allí cuando necesitaba que le levantaran el ánimo.

Era su almohada para llorar, su compañero constante y su mejor amigo. Era el mejor para escuchar, y Pam podía contarle todo.

Estuvieron los dos solos por un largo tiempo, hasta que, de mala gana, Pam decidió volver a comenzar a salir y tener citas. Bullet no se dejaba impresionar. Ante cualquier espécimen masculino, levantaba un lado de la boca al mejor estilo Elvis y emitía un solo sonido: «*Grr*».

Hasta que conoció a Troy.

Troy era controlador de tráfico aéreo, y trabajaba temporalmente como guardia de seguridad para hacerle el favor a un amigo, el gerente del mismo hotel en el que trabajaba Pam.

La noche que se conocieron había una gran tormenta de nieve. Pam estaba trabajando en el turno nocturno del restaurante del hotel con una compañera, Marianne, cuando Troy se presentó. Para hacer conversación, preguntó qué estaban bebiendo.

Pam, quien aún consideraba a todos los hombres «culpables hasta que se demuestren lo contrario», respondió con desgano que bebían chocolate caliente. Eso no desalentó a Troy, que preguntó si podía beber también, a lo que ella respondió señalando la habitación contigua.

—Esa es la cocina, puedes servirte —dijo.

Cuando él se dirigió a la cocina, Marianne la increpó:

—¡Qué grosera! Estaba siendo amable.

Pam puso los ojos en blanco y se encogió de hombros.

Al salir del trabajo, alrededor de una hora más tarde, la tormenta estaba en pleno apogeo, y Pam se encontró con la sorpresa de que su carro no encendía. Cuando volvió a entrar al hotel para pedir ayuda, le dijeron que hablara con Troy, el nuevo guardia de seguridad.

Apenada, Pam se acercó a Troy para contarle su problema y él, sonriente, señaló:

—Ese es el almacén. Los cables pasacorriente están ahí. Puedes agarrarlos tú misma.

Pero sí la ayudó. Luego, como la batería del carro no se cargaba, la llevó a casa en su camioneta al terminar el trabajo. Y, antes de irse, paleó la nieve de la entrada. Pam, que lo estaba observando por la ventana, le ofreció una bebida caliente.

Mientras bebían café en la cocina, Bullet, el protector de Pam, por poco salta sobre el regazo de Troy. Incluso se robó la bota del hombre y corrió por la casa.

«Bullet, traidor, ¡ni siquiera lo conoces!», pensó ella.

Por su parte, Troy concluyó que la forma de ganarse a Pam era a través de Bullet, así que le llevó una caja de galletas para perros al trabajo con la esperanza de que aceptara salir con él. Una cena llevó a la otra y, en poco tiempo, Pam vio en Troy lo que Bullet había visto en un instante.

Pam y Troy Sica se casaron e iniciaron una vida juntos, y Bullet no podía estar más feliz. La unión le garantizó el doble de diversión, de premios y de amor.

Cuando la pareja se acurrucaba en el sofá, Bullet les

levantaba los brazos con la nariz para poder meterse entre los dos, como diciendo: «Oigan, háganme un lugar».

Pam y Troy querían formar una familia, pero resultó ser un sendero largo y doloroso. Pam sufrió cuatro abortos espontáneos y, a pesar de la compañía de Troy y de Bullet, cada uno le rompió un poco más el corazón.

Bullet siempre demostraba su increíble sensibilidad y pasaba tiempo acompañando a Pam y acurrucándose con ella. Ella, por su parte, solía decir que Bullet era su bebé, y la mirada en el rostro de él sugería que era consciente del vacío enorme que estaba llenando.

Después del último aborto, el médico anunció de forma solemne: «Pam, me temo que no podrás concebir». Fue un momento desgarrador.

Lamentablemente, les esperaban más momentos desgarradores.

Bullet parecía decaído y no tenía apetito, así que Pam y Troy lo llevaron con su veterinaria, Laurence Cangro.

—Buen chico —dijo el hombre al acariciar a Bullet, uno de sus pacientes preferidos durante trece años.

Pero la expresión sombría del doctor Cangro alarmó a Pam, que intercambió una mirada preocupada con Troy.

—¿Bullet se pondrá bien? —preguntó con la voz temblorosa.

El silencio del doctor fue la respuesta. Pam se había engañado a sí misma pensando que ese día nunca llegaría.

—Me temo que no son buenas noticias. No me gusta cómo suena su corazón y sus niveles de enzimas están elevados. Esos son indicadores de cáncer de hígado, algo frecuente en los *golden retriever.*

Pam se apoyó en Troy porque temía que le fallaran las piernas. El doctor Cangro se disculpó para observar los resultados del ultrasonido y los dejó solos con Bullet.

«Bullet es mi bebé. Veo dentro de su alma, y él ve dentro de la mía», le decía Pam a todo el que quisiera escuchar. Pero su bebé apenas podía mantener los ojos abiertos. Perdía la consciencia y yacía inmóvil sobre la mesa de acero frío.

Ella le tomó la cara entre las manos, se agachó, lo miró a los ojos y suplicó que se mantuviera despierto para compartir el lenguaje secreto en el que se habían hablado muchas veces antes: «Te amaré por siempre».

El doctor Cangro volvió y les habló con calma.

—El ultrasonido demuestra con claridad que Bullet tiene un tumor en el hígado. Pero lo estamos detectando temprano, por lo que hay posibilidades de salvarlo. Sin embargo, hay factores que considerar. En primer lugar, su edad. Él ya ha superado la edad promedio de los *golden*, que es de doce años. En segundo lugar, la cirugía será costosa. Ronda los cinco mil dólares.

Pam y Troy suspiraron por lo bajo.

—Lo sé, es mucho. Piénsenlo esta noche mientras cuidamos de Bullet aquí. Querrán rezar y discutirlo con familiares y amigos. Bullet está mayor, pero eso no significa que no pueda resistir la cirugía y vivir unos años más. No obstante, es una decisión que deben considerar con cuidado.

Pam abrazó a Bullet por un largo tiempo.

—Te amo, mi bebé. Te veré en la mañana —le susurró.

Las lágrimas que había estado conteniendo dentro de la clínica veterinaria se liberaron una vez afuera, y casi no se detuvieron durante el camino a casa.

—¿Cómo podríamos pagarlo, Troy? —consiguió preguntar con la voz quebrada.

—Haremos lo que sea necesario —respondió él.

La pareja pasó la noche buscando el apoyo de familiares y amigos. Hablaron con la madre de Pam, con su padre y su madrastra en Florida, con la madre de Troy y con otros seres queridos.

Todos sabían de la relación especial entre Pam y Bullet, y les transmitieron su compasión y tristeza, pero, con cuidado, todos expresaron que debían ser prudentes antes de invertir tanto dinero en un perro que, si sobrevivía la cirugía, ya había superado su expectativa de vida.

Hacia el final de la noche, Pam y Troy se encontraban agotados y tan confundidos como antes. Pam aferraba el rosario que siempre le daba consuelo.

—Aunque tuviéramos el dinero, ¿sería lo correcto? No quiero que sufra, es mi bebé, mi niño, mi sombra. ¿Sería egoísta querer más tiempo con él?

Troy le aseguró que no era egoísta.

—Debemos tener fe y confiar en que Dios nos guiará para tomar la decisión correcta. —Luego, la abrazó y consoló hasta que se quedó dormida.

A la mañana siguiente, aún no tenían una respuesta.

Bullet estaba tendido sin energía en la mesa, a la espera de su llegada a la clínica.

Pam y Troy pidieron unos minutos a solas con su amigo peludo, y cada uno se ubicó a un lado de la mesa. Pam apoyó la frente contra la del *golden*, Troy puso una mano sobre el hombro de ella y la otra sobre el lomo de Bullet. Luego Pam alejó la cabeza y, una vez más, miró a los ojos a su alma gemela canina.

—Sé que no te sientes bien, bebé, pero no sabemos qué hacer. ¿Quieres que te dejemos ir?

Durante un minuto de silencio, Pam miró profundamente, tan profundamente como pudo, a los ojos de Bullet. Luego se giró hacia Troy. Su expresión ya no era triste, sino segura.

—Está diciéndome que aún le quedan cosas por hacer. —Estaba convencida de que no era hora de dejarlo ir. Algún día lo sería, pero aún no.

La cirugía fue programada, y Troy encontró la forma de conseguir el dinero prestado.

A pedido de Pam, el día de la intervención, un técnico veterinario muy amable guardó su rosario en una bolsa de plástico estéril para que pudiera estar junto a Bullet.

Además, la familia Sica, amigos y vecinos estaban realizando cadenas de oración.

¡Y funcionó! El doctor Cangro les anunció que, con la ayuda de Dios y de un equipo experimentado, la operación de Bullet había sido un éxito.

El *golden retriever* se recuperó muy rápido y estuvo en condiciones de viajar con Pam y Troy a Florida a comienzos de septiembre. Se quedarían con el padre y la madrastra de Pam durante la semana de vacaciones de Troy, que también coincidía con su cumpleaños.

A Bullet le encantó viajar en el asiento trasero hasta Kissimmee, sintiendo los aromas de la brisa.

Pam se sentía cansada después del viaje, pero pensó que podría descansar y leer al sol junto a Bullet para que ambos repusieran energías. Pero después de unos días, su madrastra, que había estado atenta, le preguntó:

—¿Estás segura de que no estás embarazada?

Con un resoplido, Pam le aseguró que no lo estaba.

Sin embargo, cuando su madrastra salió de compras, volvió con una prueba de embarazo, que dejó con disimulo en el lavabo del baño de Pam y Troy.

A la mañana siguiente, el día del cumpleaños de Troy, Pam vio la prueba y consideró que no perdía nada con hacérsela.

«¡¿Qué?!», pensó impactada. Su madrastra tenía razón, ¡ESTABA EMBARAZADA!

Pam despertó a Troy y le dio el mejor regalo de cumpleaños posible: ¡sería padre!

Luego bajaron a la sala, donde su padre y su madrastra estaban sirviendo pan tostado, huevos y tocino, y les dieron la noticia.

Bullet también estaba emocionado, y lo demostró corriendo por la casa con la caja de la prueba en la boca.

Fue un momento de celebración, hasta que el padre de Pam miró el televisor, que estaba encendido en el fondo, y gritó:

—¡No! ¡Miren!

El momento más alegre que podían recordar se volvió horrible.

Todos se quedaron parados como estatuas, viendo por televisión los horrores de esa mañana histórica, el 11 de septiembre, cuando los aviones chocaron contra las Torres Gemelas.

Troy abrazó a Pam, que estaba luchando con las lágrimas.

«Santo Dios, ¿a qué clase de mundo traeré a mi hijo?».

En ese momento, sintió un familiar peso peludo contra las piernas. Bullet estaba a su lado una vez más, intentando sanar su tristeza.

Troy llamó a su supervisor en el centro de control aéreo en Nueva York (TRACON) para saber si necesitaban que volviera al trabajo de inmediato. Sin embargo, le dijeron que el tráfico aéreo había sido suspendido por tiempo indeterminado, así que podría extender sus vacaciones hasta que se lo notificaran.

Los médicos trataron el embarazo de Pam con guantes de seda y, dado su historial de abortos espontáneos, la vigilaron de cerca.

Pam mantenía un optimismo cauto. Tal vez se debía a

todas las oraciones realizadas en su nombre y el de Troy, pero sentía que ese embarazo sería diferente a los demás.

En el tercer trimestre de embarazo, su médico le informó que sufría de placenta previa, una anomalía que se daba en uno de cada doscientos embarazos. Le indicaron reposo y le dijeron que esos casos casi siempre requerían un parto por cesárea.

El pequeño Troy nació a principios de abril, alrededor de dos semanas antes de la fecha estimada. El parto fue «complicado», por lo que Pam estuvo hospitalizada durante cuatro días.

La pareja estaba preocupada por la reacción de Bullet a su ausencia, sumada a la presión por convertirse en un «hermano mayor».

Una enfermera sugirió que le llevaran una de las mantas con las que envolvieron al bebé en el hospital, así el perro se familiarizaría con el aroma. ¡Y funcionó a la perfección!

Troy visitaba el hospital todo lo posible, y siempre reportaba sobre el enamoramiento de Bullet con su nueva manta.

—La lleva a todas partes, incluso afuera para hacer sus necesidades —decía, riendo.

Pam se emocionó mucho cuando le dijeron que podía llevar a su niño a casa, a pesar de que aún tenía algunas dificultades respiratorias. Estaba ansiosa por ver la reacción de Bullet ante el nuevo miembro de la familia.

Bullet fue el hermano mayor perfecto: protector, leal y amoroso. Quería estar siempre donde estuviera el bebé. Su lugar de centinela predilecto era debajo de la cuna, junto a la cama de Pam y Troy.

La mañana en la que Troy debía volver al trabajo, alrededor de dos semanas después de la llegada del bebé a casa, su despertador sonó a las 4:30 a. m. Él lo apagó y entró en la ducha.

Pam escuchó al bebé despierto, así que le dijo a Troy que iría a prepararle un biberón. Mientras calentaba la leche, semidormida, escuchó las uñas de Bullet por el corredor.

—¿Quieres salir? —Lo tomó por el collar e intentó acompañarlo afuera, pero él retrocedió y se liberó—. ¿No quieres?

Como si quisiera decirle que lo siguiera, Bullet corrió de vuelta a la habitación ladrando, algo que no solía hacer. Luego comenzó a girar en círculos y a ladrar en la puerta del dormitorio.

Pam nunca lo había visto actuar así. Con una descarga de adrenalina, corrió para ver al bebé. Bebé Troy estaba llorando, pero no emitía sonido. Pam lo acercó a la luz para verlo mejor. En cuestión de segundos, el rostro del bebé se tornó rojo, luego púrpura y, por último, azul. Hasta que perdió el conocimiento.

—¡EL BEBÉ NO RESPIRA! —gritó.

Troy salió de la ducha con una toalla. Suponiendo que el bebé se estaba ahogando, intentó despejarle las vías respiratorias, al tiempo que le decía a Pam que llamara al 911. Antes de que terminara, ella ya estaba realizando la llamada.

—¡Mi bebé tiene diecinueve días y no respira! —gritó al teléfono.

El controlador le aseguró que la ayuda iba en camino y le dio unas indicaciones que le transmitió a Troy.

En lo que se sintió como un minuto, alguien llamó a la puerta.

«¿Cómo es posible? No escuché sirenas», pensó Pam.

Era un socorrista.

Fue un Guiño de Dios: uno de los paramédicos en servicio vivía a apenas cuatro casas de distancia. Había escuchado la llamada y corrido por la calle con el oxígeno en la mano.

El resto del personal llegó minutos después.

Bullet pareció convertirse en lobo ante los ojos de Pam, pues no quería a esos extraños cerca de su bebé. Pam lo llevó a la cocina, pero el perro rompió la contención para bebés, así que tuvo que encerrarlo en otra habitación mientras los médicos salvaban al niño.

Gracias a Dios, el pequeño comenzó a respirar otra vez.

El primer socorrista les dio a Pam y a Troy la información pertinente (a qué hospital irían y demás), y les dijo que solo uno de ellos podía acompañar al bebé en la ambulancia. Sugirió que debía ser Troy, dado que ya estaba vestido.

Mientras los paramédicos recogían sus cosas, el socorrista miró a Pam.

—Si hubiera pasado más tiempo, habrían perdido a su bebé. Su perro es un héroe —aseguró.

Pam lo miró con los labios temblorosos.

«Sí. Dios, gracias por Bullet y por convencernos de SALVARLO», se dijo.

El pequeño Troy pasó dos semanas y media hospitalizado, con un diagnóstico de neumonía bilateral agravado por reflujo silencioso y dos pequeños agujeros en el corazón.

Durante ese tiempo, Pam tuvo casi siempre el rosario en las manos; el mismo que acompañó a Bullet durante la cirugía.

Mientras que otras incubadoras tenían una variedad de imágenes religiosas pegadas a ellas, la de su bebé tenía una fotografía de un *golden retriever* sonriente: Bullet.

La madre de Troy padre, Irene, visitó el hospital varias veces, por lo que escuchó la historia de heroísmo de Bullet una y otra vez y llegó a pensar que era una historia de esperanza demasiado buena como para no darla a conocer.

Resultó ser que Irene tenía un amigo que trabajaba en el *Newsday*, uno de los medios más famosos de Nueva York. Así que, el día en que Pam y Troy por fin llevaron a su bebé a casa, decidió llamarlo.

Su amigo en el *Newsday* quedó tan impresionado por la historia de Bullet, que se la llevó directamente a su editor. En poco tiempo, el editor estaba hablando de asignar esa optimista historia sobre un perro llamado Bullet que había salvado a un bebé, pero no se la encargó a uno de los reporteros más experimentados del periódico. En su lugar, llamó a Givens, la reportera más joven y con menos experiencia.

Hay que dedicar un momento a la sala de redacción del *Newsday*, representativa de cada uno de los periódicos de la Ciudad de Nueva York desde el 11 de septiembre de 2001.

Durante ocho meses, casi todas las historias que habían reportado habían sido sobre aquel día trágico, y la sala de redacción se encontraba sumida en la depresión. Los redactores pasaban los días escribiendo historias de terror, infinidad de obituarios y relatos de socorristas heroicos en circunstancias impensables.

La persona que debía escribir los obituarios más desgarradores, hablar con una familia tras otra y redactar a veces cuatro, cinco o seis historias tristes al día era la reportera más baja en el escalafón. Ann Givens, de veintiocho años. Como si fuera la versión de Anita, la huerfanita, del periódico, recibía las órdenes del editor, quien servía de mariscal de campo en toda sala de redacción.

El jefe le dijo que se trataba de una historia al estilo Norman Rockwell por excelencia: un perro que salva la vida de un bebé en crisis. Pero no era cualquier perro, sino uno que había sido, a su vez, salvado por los padres del bebé, que, a pesar de que les aconsejaron no hacerlo, habían conseguido cinco mil dólares para pagar su cirugía y que ya había superado su expectativa de vida.

«Piensa en el titular, Givens: "Bala salva a bebé". Podría ser la primera historia optimista desde el 9/11». El titular jugaba con el nombre del perro, Bullet, que en inglés significa «bala», y así se conoció la historia en la editorial. En la portada del periódico, debajo de una fotografía del bebé Troy y del *golden retriever*, decía:

LA BALA QUE SALVA VIDAS

Perro de la familia alerta a la madre de un bebé en peligro justo a tiempo.

Epílogo

A Bullet no le importaba su salto a la fama; solo estaba feliz de haber recuperado a su «hermanito».

Los dos formaron una gran pareja durante el primer año del bebé. Bullet solía pararse como una estatua junto a la tina cada vez que Troy recibía un baño. Muchas veces, gracias a mamá Pam, usaban atuendos iguales y, a la hora de comer, una cucharada de comida de bebé iba para Troy y una cucharada de alimento canino iba para Bullet. El único momento en el que el perro no estaba pegado al niño era a la hora del cambio de pañales; prefería no estar presente para eso.

Tenían una rivalidad juguetona. Bullet robaba a escondidas los chupones de Troy y los enterraba en el jardín. También se comía sus calcetines diminutos, y no pregunten cómo era que Pam lo descubría.

Bullet suspiraba con paciencia cuando el pequeño lo usaba de asiento, pero el bebé Troy no dudaba en recostarse sobre el perro, que descansaba panza arriba, a beber su biberón. Y Bullet, como un perro de caricaturas, se quedaba congelado y miraba a Pam, como diciendo: «Ayuda, no puedo moverme o se caerá».

Reflexión

En inglés, las palabras «perro» (*dog*) y «Dios» (*God*) se escriben con las mismas letras, e incluso se puede ver que la primera palabra es la segunda al revés. No puede ser casualidad.

Muchas veces vemos cómo Dios usa a nuestros amigos peludos de cuatro patas como ángeles salvadores. Y, al igual que Dios, los perros nos brindan consuelo y amor incondicionales.

Bullet fue como un hijo angelical para Pam, un compañero para Troy y un mejor amigo y ángel guardián para su bebé.

Bebé Troy y Bullet festejaron sus cumpleaños. El primero para el pequeño, el número dieciséis para el perro. Seis meses después, Bullet partió al cielo y, desde entonces, cada agosto, en el aniversario de su partida, una mariposa amarilla visita el jardín de la familia Sica.

«Tres cosas durarán para siempre:
la fe, la esperanza y el amor;
y la mayor de las tres es el amor».

—1 Corintios 13:13 (NTV)

4B

Cathleen — Gatitos milagrosos

Cathleen se agachó en el suelo de cemento frío, con cuidado de no asustar a ninguno de los animales rescatados que se encontraban en sus jaulas. Algunos gatos se acercaron a ella con cautela mientras que otros permanecieron lejos, fieles a su reputación de sentir afecto selectivo.

Recién separada y viviendo en un nuevo lugar, Cathleen Cavin era una madre soltera amorosa, protectora, resiliente y creyente. Y ese día estaba en una misión.

Tras un divorcio largo y traumático, seguido por la mudanza a un pueblo pequeño al norte de San Francisco, Cathleen quería darle a su hija de cuatro años, Cali, algo especial que la ayudara en la transición. Algo nuevo para amar. Y a decir verdad, después de sus propios traumas y decepciones, a ella también le haría bien recibir algo así.

Entonces, después de tener la aprobación del propietario del apartamento en el que vivían, madre e hija se dirigieron al refugio para animales local.

—¿Cuál es el nuestro, mami? —preguntó Cali, con chispas en los ojos.

Cathleen solo suspiró. Los gatos eran lindos, de diferentes colores, edades y tamaños, pero no sintió una conexión especial con ninguno de ellos que le dijera que era el *indicado*.

—¿Hay otros gatos? —le preguntó al trabajador, quien le dijo que los cachorros estaban atrás.

Así que Cathleen llevó a Cali a una habitación pequeña y acogedora en donde las pequeñas bolas de pelo luchaban entre sí y llenaban el aire con sus maullidos diminutos. Cathleen no pudo evitar sonreír. Eso era lo que buscaba.

—¡Mira, mami! ¡Un corazón! —exclamó Cali, señalando a dos hermanitos naranjas y blancos, Butter y Ozzy.

Cali estaba en lo cierto; el pelo blanco de cada uno de los gatitos parecía la mitad de un corazón y, cuando se acurrucaban juntos, formaba un corazón completo.

Cathleen supo que había encontrado al indicado, aunque no sabía si era Butter u Ozzy. Cali le suplicó que adoptaran a los dos hermanitos, pero tuvo que decir que no, ya que el propietario solo había aceptado una mascota. Una sola. Y había sido firme en eso.

Después de media hora de deliberaciones, Cathleen y Cali dejaron a Butter en el refugio y llevaron a Ozzy a casa. Sin embargo, no fue la experiencia alegre que Cathleen había imaginado, ya que Ozzy se sentía solo sin su hermano y gemía y maullaba sin cesar.

Pasaron dos semanas de gemidos incesantes, así que Cathleen tomó una decisión: no importaba lo que hubiera dicho el propietario; volverían al refugio y llevarían a Butter a casa.

Se dirigieron al refugio, pero la emoción se apagó cuando

supieron que Butter ya no estaba allí. Una mujer lo había adoptado dos días antes.

Cali lloró sin consuelo, hasta que Cathleen le prometió que, de alguna forma, encontraría a Butter y reuniría a los hermanitos. Pero esa noche no podía dormir, pues no dejaba de reprenderse por haber hecho una promesa que sabía que no podría cumplir.

«Dios, sé que no podré cumplir mi promesa de encontrar a Butter. ¿Podrías ayudarme a que Cali la olvide?», rezó.

Pasaron un par de años desde entonces. Ozzy creció y llegó a amar su nuevo hogar, al igual que Cathleen y Cali. Al final, Cathleen, que había rechazado las sugerencias bienintencionadas de sus amigos de que volviera a salir con alguien, sintió que su corazón había sanado lo suficiente como para volver a intentarlo.

Decidió arriesgarse con una aplicación de citas. Después de una cena terrible, en la que un hombre la hizo pagar por la comida, y otra, en la que su acompañante la invitó a subirse a una motocicleta después de haberse bebido seis martinis, Cathleen estaba lista para no volver a salir con nadie.

Pero le daría una última oportunidad a la aplicación.

Mientras pasaba perfiles y descartaba a un hombre tras otro, una fotografía llamó su atención. Era un bombero imponente llamado Brian Herrera, viudo y padre soltero. Sus ojos amables y su mirada confiada la atrajeron, pero fue la calidez de su sonrisa lo que la convenció.

Además, había elegido una fotografía de perfil en la que estaba con su hija, Ruby, de campamento. Y la forma en la que se describía a sí mismo, a su hija y su fe, conmovió el corazón de Cathleen.

Así que, sin dudarlo, pensó en darle una oportunidad.

Comenzaron intercambiando mensajes por unos días, hasta que Cathleen le dijo que no le gustaba hacerlo y que, si quería hablar, la llamara.

Brian lo hizo, y encajaron. Hablaron durante horas y horas; tenían mucho en común. Los dos ansiaban conocerse en persona, pero como padres solteros debían organizar sus horarios y los de sus hijas, y encontrarse era muy difícil.

Hasta que llegó el día en que las niñas de ambos salieron del pueblo para visitar a sus respectivos abuelos, así que Brian sugirió que se vieran para cenar en un restaurante italiano, que resultó ser el preferido de Cathleen. Una buena señal.

Cuando ella entró al restaurante, lo vio sentado en el reservado que solía elegir para cenar con Cali. Vaya, ese era todo un Guiño de Dios.

La conversación fluyó con naturalidad durante la cena y, al terminar, decidieron salir a bailar. Avanzada la noche, ninguno de los dos quería dar el encuentro por terminado, así que Brian se arriesgó a preguntarle a Cathleen si quería conocer su casa, que estaba cerca, aunque se apresuró a asegurarle que tenía buenas intenciones. Cathleen se sentía segura con él, así que aceptó.

La casa de Brian era cálida y acogedora, con fotografías familiares y los dibujos de Ruby en el refrigerador. Cathleen se sintió segura de inmediato. Como la noche era cálida y había luna llena, Brian propuso que salieran al patio trasero.

«Fue encantador. Pasamos el rato conversando y tocando la guitarra», recuerda Cathleen.

Después de un buen rato, Brian entró a reponer sus bebidas. Mientras estaba en la cocina, feliz y emocionado por la cita, escuchó un grito repentino de Cathleen.

—¿Te robaste a mi gato? ¡¿Cómo lo hiciste?!

Brian corrió afuera y encontró a Cathleen de pie, con su gato en brazos y una mirada acusatoria.

—¡¿Quién hace algo así?! ¿Qué otras sorpresas tienes? —exigió.

Brian estaba perplejo y confundido. ¿De qué estaba hablando? Le aseguró a Cathleen que el gato naranja y blanco era de él y de Ruby, y le explicó que, antes de morir, su esposa quería dejarle a Ruby un recuerdo feliz, algo para que la recordara, así que habían ido al refugio de animales.

—¿Butter? —preguntó Cathleen, impactada y asombrada.

—¿Cómo sabes su nombre? —preguntó Brian, tan sorprendido como ella.

Cathleen le contó que había ido al refugio donde estaban Butter y Ozzy, que se había llevado a Ozzy y que le había hecho a su hija la imposible promesa de reunir a los hermanitos.

Brian la miró con absoluta incredulidad antes de echarse a reír. Su risa contagiosa también hizo reír a Cathleen.

—¡Qué locura! —exclamó.

—Gatitos con suerte —rio Cathleen.

De todas formas, Brian permaneció cauteloso y, al día siguiente, fue a conocer a Ozzy por sí mismo. Y antes de que terminaran de creérselo, los dos compararon sus papeles de adopción. Ya no quedaron dudas, habían recibido un guiño divino en la forma de gatitos gemelos.

Su siguiente cita fue con las niñas, Cali y Ruby, que congeniaron de inmediato, como mejores amigas. Y esa cita incluyó otra presentación: la de Butter y Ozzy.

Los videos del reencuentro de los gatitos parecían dibujos animados. Los dos se acurrucaron, rodaron y se persiguieron por la casa frente a los encantados humanos.

Luego, todos se tomaron la mejor fotografía del mundo. Cali, quien recordó la imagen del refugio de animales, propuso que se tomaran una foto donde aparecieran los dos adultos, Ruby y ella y los gatitos juntos, para recrear la forma de corazón.

Solo quedaba una cosa por hacer para completar el retrato familiar: Brian le propuso matrimonio a Cathleen. Ella dijo que sí. Y todos dijeron «Acepto» (o «*Miau*, *miau*»).

Epílogo

Cathleen y Brian llevan casados más de una década, y sus niñas se convirtieron en hermanas y mejores amigas. Pero nada de eso hubiera sido posible sin el encuentro divino de dos gatitos hermanos en sus vidas: ¡el Guiño de Dios peludo más perfecto de la historia!

Cathleen supo que su antigua plegaria había sido respondida, la que realizó después de haberle prometido a su hija algo que no podía cumplir. Y si bien era verdad que ella no podía hacerlo, Dios sí podía, y eso fue lo que hizo.

Cada Día de las Madres, la familia comparte un momento de oración especial por la madre de Ruby, que está en el cielo, y agradece su papel fundamental en el Guiño de Dios que los reunió a todos.

Reflexión

Si buscas «Guiño de Dios» en algunos diccionarios, verás la fotografía de Cathleen y Brian. Es una broma, pero se entiende el punto.

Guiño de Dios (sust.): Evento o experiencia personal, con frecuencia malinterpretado como coincidencia, tan sorprendente que es visto como señal de esperanza divina, en especial cuando es interpretado como la respuesta a un rezo u oración.

Dios puede revelar a la pareja perfecta de una persona a través de varios métodos. Para Cathleen, fue a través de un «sistema de señales interno», tal vez el Espíritu Santo, que solo es visible para quien se permita verlo.

Puede que creas que los servicios de citas son de ayuda para encontrar a una pareja potencial, pero no subestimes la herramienta más eficaz, gratuita y disponible para todos, estén donde estén: rezar.

La guía de Dios puede brindar claridad y sentido en la búsqueda de un compañero de vida si rezas y confías en su voluntad de forma sincera.

Mira cómo Dios tomó las dificultades y las cosas que no funcionaban en las vidas de Cathleen y Brian y las alineó en el lugar y el momento correctos (con dos gatitos adorables) para que se conocieran y enamoraran.

¡Él también puede hacer eso por ti!

«Cuando el lugar correcto
se alinea divinamente
con el momento correcto,
espera un Guiño de Dios».

—SQuire y Louise, *A Godwink Principle*

5

Mamás unidas por obra divina — En el lugar y el momento correctos

5A

TunDe, Chris y mamá — Alineación de bondad

Era una noche calurosa de septiembre y las tribunas del estadio escolar de un pueblito de Georgia estaban llenas. Todos contuvieron la respiración cuando el mariscal de campo estrella, Chris Wright, tomó el balón, encontró a su receptor en la zona de anotación y le lanzó el pase directamente a sus manos.

¡*Touchdown*!

El público enloqueció y sus zapateos emocionados pusieron a prueba la estructura de aluminio. En la primera fila de la tribuna se encontraban los orgullosos padres del mariscal, Phil y Judy.

Aunque Judy celebraba más que nadie, los logros deportivos de su hijo no eran lo más importante para ella. Tampoco el excelente estilo que había heredado de ella, una cosmetóloga a quien le gustaba lucir bien.

Lo que más le importaba a Judy era cómo su hijo trataba a los demás. Todas las mañanas, antes de que se fuera a la escuela, le decía: «Sé amable con alguien hoy, Chris». Y él siempre esperaba a que, al volver a casa, ella le preguntara qué acto de bondad había hecho ese día.

Aun a corta edad, TunDe Hector tenía una sonrisa fácil y radiante. Y todavía más cuando su madre, Carolyn, llegaba a casa con pilas de libros para ella.

Carolyn era pastora a medio tiempo en la iglesia local y cosmetóloga a tiempo completo, y tenía la misión de hacer del mundo un lugar más hermoso, una persona a la vez.

En una de las pilas de libros, TunDe encontró un tomo verde y delgado sobre derecho, viejo y con olor a moho. Aun con sus doce años, a TunDe le encantó, y lo leyó de punta a punta. Lo que más la atraía hacia esas páginas mohosas era una chispa de deseo de ser abogada; un deseo que mantenía encendido en su corazón.

Un tiempo después, cuando estaba por comenzar el undécimo año de escuela, TunDe vio a su padre, Randy, lavando su automóvil, a pesar de tener una muñeca rota. Así que salió y le preguntó si podía ayudarlo.

Como Randy le dijo que no, se sentó en los escalones de la entrada para hacerle compañía. Desde allí, observaba cómo sumergía la esponja en agua jabonosa, la estrujaba sobre el techo del carro y hacía que ríos de agua sucia corrieran por los laterales del vehículo.

—¿Qué quieres ser cuando seas grande, TunDe?

—Abogada.

—¿Abogada? Puedes ser lo que tú quieras, pero creo que serías una enfermera increíble. Veo tu amor y compasión por los demás. Te preocupas por todos.

La niña pensó en las palabras de su padre. También pensó en que su madre solía decirle que el amor superaba al odio, y se preguntó si ambos estarían indicándole el mismo camino.

«¿Enfermería?», pensó. No estaba muy segura.

Un año después, su padre tuvo una muerte trágica.

Mientras sufría por la pérdida y enfrentaba dificultades con la universidad, una vecina amable, que era enfermera, la inspiró. Recordó las palabras de su padre y dejó de lado la idea de ser abogada. En cambio, decidió convertirse en enfermera.

«Porque ayudar a las personas es lo que me define».

Dos décadas después, un día gris, TunDe conducía su Honda plateado por la carretera en Athens, Georgia. La niebla grisácea combinaba con su estado de ánimo; no había tenido muchas razones para sonreír durante los últimos tiempos.

Se había separado de su esposo hacía unas semanas y estaba pasando por momentos difíciles. Trabajaba mucho como asistente de salud domiciliaria. Había dejado la carrera de Enfermería al tener a su primer hijo, pero se había dedicado a la difícil tarea de ser una asistente de enfermería amable y atenta mientras criaba a sus hijos.

Su padre había estado en lo cierto hacía tantos años: TunDe amaba a todo el mundo, y todos la amaban a ella. Prueba de ello eran las tarjetas y los regalos que recibía de las familias agradecidas con las que había trabajado.

Su hijo había pasado el fin de semana con la familia paterna, así que iba de camino a recogerlo, consciente de que tenía tan solo cinco dólares en la cartera y de que ya casi no tenía gasolina. Aunque odiaba hacerlo, pensaba pedirle a su madre algunos dólares para sostenerse y cargar gasolina hasta que recibiera su paga unos días después.

Justo en ese momento, escuchó un chisporroteo, seguido de una explosión en el motor del automóvil.

«¡AY, NO!».

Consiguió salir de la carretera y detenerse a un lado.

Estaba demasiado asustada y cansada para llorar, así que, en cambio, rezó desesperada.

«Por favor, ayúdame, Dios. ¡Por favor!».

Chris Wright iba camino a la iglesia en su vehículo familiar, con su esposa en el asiento del copiloto y sus dos hijas en la parte trasera del vehículo. Iban conversando sobre sus planes para ese día cuando notó un Honda plateado detenido al costado de la carretera.

Luego, a poco más de un kilómetro de su salida, vio a una mujer caminando por el arcén con un bidón de gasolina, y supo que debía de ser la dueña del automóvil Honda.

Las lecciones de bondad de su madre eran parte de su ADN. «Sé amable con alguien hoy, Chris». Nunca había recogido a un extraño en la carretera, pero sintió a Dios alentándolo en su corazón. Y no lo dudó.

«Debo ayudar a esa mujer».

Así que dejó a su esposa y a sus hijas en la iglesia y dio la vuelta para buscarla.

Mientras TunDe caminaba por el arcén con su bidón de gasolina, comenzó a llover. Era apenas una llovizna, tan ligera que no distinguía si lo que sentía en el rostro eran gotas de lluvia o lágrimas.

En ese momento preciso, como enviado por Dios, un vehículo se detuvo a su lado. El conductor se asomó por la ventanilla del acompañante para hablarle.

—¿Necesitas un aventón?

El hombre llevaba una camisa a cuadros en tonos salmón y parecía agradable. Y, más allá de su aspecto, TunDe sintió que era una buena persona y confió en él al instante.

—Sí —respondió. Subió al automóvil y Chris la llevó a la gasolinera más cercana. Los dos conectaron de inmediato mientras conversaban sobre la situación.

Chris llenó el bidón de gasolina de TunDe y la llevó de vuelta hacia el automóvil. Y, en otro impulso del corazón, decidió darle lo que tuviera en su cartera: cuarenta dólares. Se disculpó y deseó haber tenido más.

TunDe estaba muy agradecida, pues eso significaba que no tendría que pedirle dinero a su madre, así que siguió su camino con una sonrisa. La amabilidad del hombre hacia una extraña como ella le pareció invaluable, y nunca la olvidaría.

De hecho, tres años más tarde, TunDe no lo había olvidado.

En la iglesia en la que su madre oficiaba como pastora, compartió un mensaje inspirador de Pascuas, y habló sobre las bendiciones inusuales en su vida y de cómo Dios había estado allí para ella.

Relató la historia de cuando se había quedado varada al costado de la carretera durante un momento difícil de su vida y un extraño amable la había ayudado, la había llevado a comprar gasolina y le había dado todo el dinero que tenía en su cartera.

Poco después, una llamada telefónica despertó a TunDe antes del amanecer.

Era su jefe. Al parecer, una colega que no se había reportado enferma en treinta años por fin lo había hecho. ¿TunDe podría cubrirla con sus pacientes?

Pensó en todo lo que planeaba hacer en su día libre, suspiró y, por supuesto, dijo que sí.

El cambio de planes probaría, una vez más, ser obra divina.

Una de las pacientes de su colega era Judy, una mujer con Parkinson que recibía atención médica domiciliaria. Al visitarla, TunDe sintió una conexión inmediata con Judy y con su esposo, Phil.

Al igual que su propia madre, Judy era cosmetóloga y, cuando TunDe llegó a la casa, Phil intentaba arreglarle el cabello, ya que sabía que era importante para ella. A TunDe la conmovió el esfuerzo que estaba poniendo Phil en la tarea y su amor y devoción hacia su esposa. Al verlo nervioso y molesto, quiso hacer lo posible por brindarle tranquilidad.

—Conozco a las cosmetólogas, mi madre lo es. Sé que les gusta verse bien. Puedo ayudar con eso.

Entonces, TunDe le dio un baño a Judy, la peinó, eligió un pijama limpio y se aseguró de que estuviera cómoda en la mecedora. Luego le preguntó a Phil si podría leerle algunos pasajes de la Biblia. Él asintió con entusiasmo, así que TunDe se sentó junto a Judy y le leyó mensajes de amor y consuelo.

Phil le preguntó a TunDe si estaría interesada en trabajar algunas horas extras, y le dijo que le pagarían a ella de forma directa. Y a pesar de estar muy ocupada con el trabajo, la escuela de Enfermería y sus dos hijos, TunDe aceptó.

En ese momento, Phil recibió una llamada de su hijo y salió de la habitación para hablar con él. Entonces, Judy tomó la mano de TunDe.

—No salgas de la habitación para conversar, por favor. Me hace sentir mal. —La mujer sabía que algo andaba mal con ella, pero no sabía con certeza qué sucedía. Por ello, cuando alguien salía del cuarto para hablar, suponía que era sobre su enfermedad.

—No lo haré, lo prometo.

—Bien.

Judy asintió, cerró los ojos y sostuvo la mano de TunDe mientras ella le leía otro pasaje de la Biblia.

A Phil y a Judy les agradaba tanto TunDe que querían que su hijo Chris la conociera. Así que, al día siguiente, Chris fue a visitarlos después del gimnasio, con ropa deportiva y un gorro de béisbol. Siempre había sido deportista y defensor del ejercicio, pero había descubierto que también lo ayudaba a manejar el estrés por la situación de su madre.

Chris y TunDe se reunieron alrededor de la isla de la cocina para conversar y conocerse. Él le habló de lo mucho que sus padres la apreciaban y de cómo querían tenerla todo el tiempo extra que tuviera disponible. Toda la familia valoraba que cuidara de la salud y de la apariencia de Judy, pero apreciaban particularmente que cuidara de su espiritualidad.

TunDe le explicó a Chris que eso le resultaba sencillo porque su propia madre era cosmetóloga, además de pastora en Athens.

—Yo asisto a una iglesia en Athens.

—¿Dónde?

—En Cornerstone.

—Ah, una vez conocí a un hombre muy amable de esa iglesia —dijo TunDe, y luego le contó la historia del día en que se había quedado varada en la carretera, cuando un hombre la había ayudado a conseguir gasolina y le había ofrecido todo el dinero que tenía consigo. Cuarenta dólares.

Chris se quedó boquiabierto.

—TunDe, ¡ESE FUI YO!

¡No podían creerlo! Ambos estaban sorprendidos de no haberse reconocido, más todavía por la forma en la que Dios había alineado los caminos de sus vidas, desde el primer encuentro al costado de la carretera hasta ese día, junto a la cama de la madre de Chris.

El 4 de julio, TunDe y Chris se sentaron en las mecedoras en el pórtico de la casa de los Wright y tuvieron una conversación a corazón abierto.

Ambos sabían que a Judy no le quedaba mucho tiempo, y TunDe sentía que debía decirle a Chris algo que guardaba en su corazón.

—No sé cómo decir esto…, pero Dios me habló en mis oraciones y me dijo que la señora Judy partirá el día de mi cumpleaños. El 9 de julio.

Chris procesó lo que escuchó y asintió con la cabeza.

—Gracias por decírmelo.

—Lo siento. Estoy aquí para ustedes, para lo que necesiten —respondió con una mano reconfortante en el hombro de él.

Luego, Chris le preguntó cómo había llegado a trabajar como cuidadora y le aseguró que era excelente en ello. TunDe le habló de su padre, quien creía que sería enfermera. Había dejado la escuela de Enfermería para criar a sus hijos, pero estaba estudiando otra vez para convertirse en enfermera certificada. Tenía muchos años de experiencia e iba por buen camino, pero no era fácil.

Los dos hablaron de las lecciones de sus madres. Chris le contó que su madre siempre le hacía un recordatorio antes de que se fuera a la escuela: que fuera amable con alguien.

—Eso fue un factor definitivo para que diera la vuelta y te ayudara aquel día.

—¡Mi mamá también! Siempre decía que mostrar amor superaba al odio —exclamó TunDe, impactada por ese maravilloso encuentro orquestado por Dios.

Ambos se miraron por un momento, maravillados por la forma en la que Dios alineaba sus vidas.

TunDe había estado en lo cierto; Judy murió el día de su cumpleaños, el 9 de julio.

Al recibir el mensaje, dejó su celebración de cumpleaños de inmediato y corrió a casa de los padres de Chris para ayudar.

Mientras él y su padre organizaban el homenaje por la vida de Judy, Chris pensó que no hubiera querido flores. En cambio, tuvo una idea: honrar a su madre invitando a las personas a participar de un acto de bondad que perdurara. Pensó en la bondad que TunDe le había demostrado a Judy y a la familia y en lo que le había dicho sobre la escuela de Enfermería.

Entonces, organizó un fondo de caridad secreto, con el objetivo de reunir dinero para pagar la escuela de TunDe. Quería reunir mil dólares, pero, en pocos días, la suma fue superada ocho veces.

Chris invitó a TunDe a compartir un pastel en honor a su madre.

Luego, mientras su esposa capturaba la sorpresa en video, le dijo a TunDe lo que había significado para su familia cuando más lo necesitaban y lo agradecidos que estaban.

Los halagos y el cariño hicieron que TunDe comenzara a llorar.

Pero fue el cheque de ocho mil dólares para cubrir los gastos de la escuela de Enfermería lo que desató un mar de lágrimas. TunDe le agradeció a Dios y a todos los que habían contribuido.

TunDe y Chris no podían saber que ese era solo el comienzo. Ambos estaban por recibir bendiciones que cambiarían sus vidas.

El video conmovedor de TunDe y la familia Wright se viralizó en internet y obtuvo millones de visualizaciones. Como consecuencia, antes de que el fondo de caridad se cerrara, ¡recaudó treinta y siete mil dólares para la escuela de Enfermería de TunDe!

Muchos medios nacionales también transmitieron la noticia e incluso fueron invitados a *Ellen*, *Dr. Oz* y al segmento de *Godwinks* en *Today*, de la cadena NBC.

Epílogo

Con los fondos recaudados, TunDe terminó la escuela de Enfermería y supo que su empleador cubriría los gastos completos para que continuara sus estudios. Pero hubo más: con el apoyo de su familia y de los Wright a cada paso, TunDe fue aceptada en la escuela de Leyes.

Su sueño de convertirse en abogada, guardado en su corazón desde la infancia, se cumplirá con un título en Derecho, que conseguirá unos meses después de la publicación de este libro.

¿Y en qué rama del derecho se especializará?

En concordancia perfecta con sus años de experiencia en el campo de la salud, TunDe se especializará en abogar por aquellos pacientes que requieran atención domiciliaria.

Reflexión

Chris sintió un llamado en el corazón, la voz de Dios que lo instaba a dar la vuelta para ayudar a TunDe, quien estaba caminando a un lado de la carretera.

Cuando estás alineado con Dios, eso permite que Él te ponga en un camino con propósito. Un camino que no solo abre la puerta para que recibas sus bendiciones, sino que te permite bendecir a otros. Aprender a escuchar su voz es esencial para estar en línea con Él.

Es entonces cuando comienzas a experimentar la alegría de la alineación divina, que casi siempre lleva hacia Guiños de Dios.

«Cuando el lugar correcto
se alinea divinamente
con el momento correcto,
espera un Guiño de Dios».

—**SQuire y Louise, *Godwink Principle #4***

5B

Jennifer, Mary y mamá — Bien alineadas

Jennifer Bobbitt abrió la puerta del horno para ver el pan de banana, con lo que llenó la casa de un aroma celestial. Respiró hondo. Esa era la receta de su madre, así como también su comida reconfortante predilecta.

Le faltaban pocos minutos al pan, con lo que estaría listo en el momento perfecto. Sus amigas, un grupo selecto de madres del vecindario, estaban por llegar con sus hijos para una cita de juegos.

Jennifer había estado esperando esa reunión toda la semana; eran madres que se ayudaban entre ellas en las buenas y en las malas. Y dado que todas tenían hijos de edades similares, disfrutaba todavía más del tiempo con amigas.

Hacía poco tiempo, Jennifer había revivido su pasatiempo de la infancia de crear joyería, y sus amigas no tardaron en llenarla de pedidos. Esa pequeña distracción no solo la mantenía ocupada, sino que se estaba convirtiendo en un pequeño negocio.

Las mamás del vecindario llegaron y cubrieron la mesa de la sala de postres deliciosos. Mientras se reunían, Jennifer notó que Brenda aún no había llegado, algo atípico en ella. Y, en cuanto apareció, Jennifer supo de inmediato que algo andaba mal.

Aunque Brenda intentó sonreír, su rostro mostraba preocupación y tristeza. Entonces, entre lágrimas, compartió las trágicas noticias sobre su buena amiga Mary.

—El marido de Mary, Michael, acaba de morir, meses después de que le diagnosticaran leucemia. Me rompe el corazón. Tienen tres hijos pequeños, uno de ocho años, otro de cinco y uno más pequeño, que tiene apenas dos meses.

Jennifer le dio un abrazo a Brenda para consolarla, mientras que el grupo procesaba esa noticia terrible. Aunque no conocían a Mary, todas tenían hijos pequeños como ella y podían sentir su dolor.

«¿Qué haríamos si nos pasara algo así a nosotras?», se preguntó Jennifer.

Los días pasaban, pero Jennifer no podía dejar de pensar en la enorme pérdida de Mary, la amiga de Brenda. Quería ayudarla de alguna forma.

De repente, tuvo una idea: hacerle un brazalete que le recordara que muchas personas pensaban en ella y rezaban por su familia.

Con un poco de trabajo detectivesco, Jennifer averiguó cuáles eran las piedras natales de Mary, de su difunto marido y de sus tres hijos y, con dedicación, creó un brazalete hermoso para ella.

Luego le dio el brazalete a Brenda para que se lo llevara a su amiga. Esperaba que a Mary la reconfortara saber que personas a las que nunca había conocido pensaban en ella y rezaban por su familia. Pero lo que Jennifer no sabía era que su acto de bondad sería la chispa que iniciaría una serie de Guiños de Dios maravillosos.

Para Mary, el período siguiente a la muerte de Michael fue confuso. Él era su mejor amigo, y la familia que compartían lo era todo para ambos. Pero él ya no estaba, y Mary debía criar a sus hijos sola.

A Mary le encantó el brazalete que Jennifer hizo para ella, en especial porque honraba el lazo familiar y los conectaba alrededor de su muñeca. Siempre tocaba las cuentas con cariño.

«Es increíble que una desconocida haya creado un recuerdo tan conmovedor y duradero», pensaba.

Y estaba tan conmovida que le escribió a Jennifer una amorosa nota de agradecimiento en una hermosa caligrafía.

Después de un tiempo, Mary comenzó a asistir a un grupo de apoyo para el duelo en su iglesia.

En una de las reuniones, conoció a un hombre llamado Russ, quien estaba sufriendo por la muerte de su esposa. Ella había muerto el mismo año que Michael, en un trágico accidente automovilístico durante unas vacaciones familiares.

La amistad entre ellos creció mientras compartían su dolor. Los hijos de Russ ya estaban en la universidad y él se sentía solo. Por su parte, Mary tenía las manos llenas criando sola a sus tres hijos.

El dolor los fue haciendo más cercanos. Nadie más comprendía de verdad por lo que estaban pasando, así que era una bendición contar con alguien que entendiera su dolor a la perfección.

Conforme avanzaban en sus duelos, sus caminos se entrecruzaban cada vez más, hasta que la amistad se convirtió en amor.

Cuando decidieron casarse, Mary deseó usar el hermoso brazalete que le había hecho Jennifer, el que representaba a su familia, el día de la boda.

En todo ese tiempo, ellas no se habían conocido, así que Mary llamó a Jennifer para contarle las buenas noticias y para preguntarle si podría añadirle otra piedra al brazalete para representar la unión de Russ a la familia, y así honrar a ambos hombres.

Jennifer estaba muy feliz de que Mary hubiera encontrado la felicidad otra vez y se sintió encantada de cumplir con su pedido.

Pensó mucho al respecto y decidió rediseñar el brazalete. Al final, movió la piedra de Michael al centro, junto con las de sus tres hijos, y cerca del cierre colocó, juntas, las de Mary y Russ.

El resultado contaba una historia de amor, pérdida y renovación; un reflejo perfecto del camino recorrido por Mary.

Cuando el nuevo brazalete estuvo listo, Jennifer lo envolvió, escribió una nota para Mary y lo colocó en una bolsa junto con un libro sobre Guiños de Dios que acababa de terminar de leer. Luego, dejó la bolsa frente a la puerta de la casa de Mary.

¡Las dos seguían sin conocerse!

Más tarde, Mary llamó a Jennifer para decirle lo mucho que le había gustado su «nuevo» brazalete, cuyo diseño honraba a un hombre y celebraba a otro. También le preguntó cuánto le debía por el trabajo.

«Nada. Fue un placer ayudar. Págalo asistiendo a alguien algún día, por favor».

Un año después, un sábado frío de enero, Mary fue a la tienda con su hija de doce años, Molly. Mientras estacionaban, Mary le dijo a su hija que necesitaban unas pocas cosas y que no deberían demorar demasiado.

Al bajar del automóvil, no pudieron evitar apresurar el paso por el frío. Pero, al llegar a la puerta de la tienda, las impactó ver a una mujer mayor tendida en el suelo, sangrando. Se había caído y golpeado la cabeza contra el suelo de concreto; sus gafas rotas estaban en el suelo y parecía sufrir mucho dolor. Mientras tanto, su esposo, alterado, intentaba llamar a su hija por teléfono.

No dejaba de repetir: «¿Cuál es su número, cuál es su número?».

Mary evaluó la situación y preguntó si alguien había llamado al 911. Alguien lo había hecho, y la ayuda estaba en camino.

Había muchas personas paradas allí, sin saber qué hacer y temerosas de tocar a la mujer lastimada. Entonces, Mary se acercó para consolarla y notó que debía de estar pasando frío en el suelo, así que le pidió a Molly que fuera al carro a buscar la manta que tenían en el asiento trasero. Molly fue corriendo y volvió en poco tiempo.

Mientras Mary cubría a la mujer con cuidado, les aseguró a ella y a su esposo, quien estaba agitado con buena razón, que todo estaría bien. La ayuda iba en camino, y ella y Molly los acompañarían hasta que llegara la ambulancia.

Mary estaba conmovida por el amor y la inquietud del esposo, pero también estaba preocupada por él. Pensó en que el hombre de seguro se iría en la ambulancia con su esposa y tendría que dejar el automóvil allí. Dado que tenía dificultades para contactarse con la hija, Mary se preguntó si tendría a otra persona cercana que pudiera ayudarlo.

Entonces, escribió su nombre y su número de teléfono en un papel y les dijo que, si necesitaban algo, como alguien que los llevara a casa desde el hospital o a la tienda por el carro, no dudaran en llamarla. ¡Estaría feliz de ayudarlos!

Le preguntó a la mujer por su nombre. Un poco más tranquila, dijo que se llamaba Linda.

Al día siguiente, Linda había salido de una cirugía y se encontraba en el hospital, con dos varillas metálicas inmovilizando su brazo fracturado. Jim, su marido, se sentía mucho más tranquilo y estaba sentado a su lado.

Para olvidar el temor, el dolor y la vergüenza de haberse caído afuera de la tienda, Linda le contó la historia del «ángel del estacionamiento» a su hija Jennifer, quien había corrido para acompañarla. Relató cómo la mujer había enviado a la hija en busca de una manta para mantenerla abrigada y les había ofrecido llevarlos a donde lo necesitaran.

—¿Le preguntaste su nombre? ¡*Suena* como un ángel! —exclamó Jennifer, pensando que le encantaría llamar a esa mujer maravillosa para darle las gracias.

Jim buscó el papel que la mujer le había dado en su bolsillo y se lo entregó a su hija.

Jennifer se quedó boquiabierta al verlo.

No podía creerlo, pero reconoció la caligrafía y el nombre.

Mary y Molly estaban preocupadas por la mujer del estacionamiento. No habían recibido noticias del marido, así que Mary no tenía forma de saber cómo estaba la mujer.

Justo cuando madre e hija estaban rezando por ella, el teléfono sonó.

—¿Mary McNamara? —preguntaron del otro lado.

—Sí, soy Mary.

—Mary, no lo vas a creer, pero habla Jennifer Bobbitt. Yo hice tu brazalete. ¿Recuerdas que me preguntaste cuánto me debías y te dije que se lo pagaras a alguien más algún día?

—Sí.

—Bueno, ¡lo hiciste! La mujer a la que cuidaste en el estacionamiento… ¡ERA MI MADRE, Linda!

—¿Tu madre? ¡No es posible!

Mary y Jennifer se rieron, incrédulas y encantadas.

Se sintieron sorprendidas al ver cómo sus vidas se habían cruzado de una forma tan significativa, con un auténtico guiño divino que les recordó que, aun en los momentos más difíciles, Dios pone a las personas en nuestras vidas en el momento correcto.

Su historia no solo se trató de un brazalete, sino de los lazos invisibles que nos conectan y tejen un tapiz de bondad, amor y apoyo. Fue un recordatorio de que incluso un pequeño acto de compasión puede tener un impacto profundo y generar réplicas que reúnan a las personas, del modo en que solo Dios puede hacerlo.

¿Te estás preguntando si Mary y Jennifer por fin se vieron en persona? Pues sí, meses después. Y, apropiadamente, fue justo después del Día de las Madres.

Reflexión

No se necesita mucho para ser un ángel en la vida de alguien más.

- Preparar pan de banana con amor y compartirlo con una nota alentadora.

- Estar allí para una madre que atraviesa dificultades en la crianza de sus hijos.
- Tal vez, como en el caso de Mary y Jennifer, crear un brazalete con dedicación y obsequiárselo a alguien que pasa por una pérdida.
- Ofrecerle una manta caliente y consuelo a una mujer herida y con frío.
- Ofrecerle un aventón a un marido preocupado por el bienestar de su esposa.

Vecinos ayudando a vecinos. Desconocidos ayudando a desconocidos. Mamás ayudando a mamás.

Deja que Dios use tus manos y tu corazón para hacer del mundo un lugar mejor. Sin esperar una recompensa. Solo porque es lo correcto. Solo porque es para lo que Él te llamó.

Un maravilloso Guiño de Dios que aparece al hacer algo por otro, como cuando un extraño por el que oraste y cuidaste resulta ser quien ora y se preocupa por la persona que más amas, es Dios demostrando lo complacido que está contigo.

«No se olviden de hacer el bien y de compartir
con otros lo que tienen, porque
esos son los sacrificios que agradan a Dios».

—**Hebreos 13:16 (NVI)**

6

Atesorar las fiestas con mamá

6A

Louise — Las *pizzellas* navideñas de mamá

La vida me ha brindado bendiciones increíbles.

Mi madre, Grace, encabezaría la lista de esas bendiciones. Más allá de su corta estatura (un metro y cincuenta centímetros), se imponía frente a sus nietos y bisnietos.

Si tuviera que describir a mi mamá en una palabra, diría que era *explosiva*. Sus nietos le decían con cariño «abuela Energizer». Era tan vibrante y aguda como podía serlo, aun en la celebración de su centenario.

Todos temíamos que llegara el día en que ya no escucháramos su voz, su risa y sus palabras sabias. Y ese momento llegó al cumplir los 101 años.

Ese año, en época navideña, recordé cuando era pequeña y mi madre me permitió preparar *pizzellas* con ella por primera vez. Estaba muy emocionada mientras la vieja máquina cocinaba esos gofres delgados y crocantes de diez centímetros.

Mi trabajo consistía en espolvorear las *pizzellas* con azúcar glas mientras estuvieran calientes. En el proceso, me había llenado el rostro, las manos y la ropa del polvo blanco. ¡Y tendrían que haber visto a mi perra Spotty! Parecía Gasparín. Ojalá tuviera una fotografía de ese momento.

Mi hijo menor, Danny, que vivía a tres mil kilómetros de distancia, estaba pasando por problemas personales y estaba triste por no poder pasar la Navidad con su familia.

Recordaba las reuniones en casa de su abuela, sentados alrededor de la mesa mientras compartíamos risas, historias y toneladas de comida. Y luego, como no podía ser de otra manera, comiendo las *pizzellas* de la abuela.

Yo estaba agradecida de poder pasar Navidad con mis hijastras, Robin y Hilary, que también habían perdido a su madre hacía poco tiempo. Estaba segura de que, entre las sonrisas que traen los recuerdos felices, también derramaríamos lágrimas juntas.

Robin tuvo una buena idea; para la primera Navidad sin su madre, prepararía su receta preferida: tarta de manzanas. Al sacar la tarjeta manchada de margarina de la caja de recetas, sintió una conexión cálida; con cada ingrediente que mezclaba, agradecía a Dios por el amor con el que su madre hacía sus tartas.

Pensé en seguir el ejemplo de Robin y, poco antes de Navidad, bajé al sótano a rescatar la vieja máquina de *pizzellas* de mi abuela, decidida a preparar su receta preferida.

Por esos días, todas las llamadas con Danny me dejaban la sensación de que intentaba ocultar la melancolía que sentía por su abuela y por no estar en casa para Navidad. Así que tuve una idea: enviarle una lata de galletas en el fondo de la caja de regalos que recibiría por Navidad.

Cuando Danny abrió la lata y leyó la nota, no pudo evitar sonreír a pesar de la tristeza.

Querido Danny:

Es la primera vez que tu madre ha preparado estas *pizzellas* navideñas sin tu abuela a mi lado.

Encontré la receta original, escrita en la letra de la abuela en lápiz desgastado. Así que, este año, formé un equipo con su espíritu para transportarte a las Navidades pasadas.

Y me estoy riendo al imaginarlos a ti y a tus perros ahora mismo, llenos de azúcar al comer estas delicias.

Un tiempo después, Danny me dijo que las *pizzellas* de la abuela calentaron su corazón durante las fiestas.

Desde entonces, la familia tiene una nueva tradición: servir las especialidades de nuestras madres para todos los reunidos alrededor de la mesa, junto con anécdotas sobre ellas, escritas en tarjetas y leídas por nuestros nietos.

Es lo más cercano a los abrazos maternales que acompañaban esas recetas maravillosas.

Reflexión

Si estás sufriendo una pérdida, agradece a Dios por las festividades pasadas, por esos momentos en los que, tal vez, un ser amado te ayudó a comenzar una nueva tradición de momentos dulces.

¡Y reza por el regalo de los Guiños de Dios! Cada uno de ellos es una conexión tangible con un Dios invisible.

«Toda buena dádiva y todo don perfecto viene de lo alto, donde está el Padre de las luces… ».

—Santiago 1:17 (NVI)

6B

Elaine y Avery — Elfie y el globo de nieve

El aire estaba frío, tan frío como puede llegar a ser un diciembre en Dallas, cuando Elaine Hargrove llegó al patio de la escuela primaria de su hija como voluntaria para ayudar en los recreos.

Era una mujer compasiva, que con acento sureño y una sonrisa contagiosa hacía que todos a su alrededor se sintieran inmediatamente bienvenidos y en paz.

Allí sola, respiró hondo y sonrió. Pronto sonaría la campana, las puertas se abrirían y una bandada de niños risueños saldría al patio, pero, por el momento, el cielo estaba despejado, el sol brillaba y reinaba un silencio encantador.

Elaine atesoraba los momentos como ese, en especial durante el ajetreo de la temporada navideña.

Elaine y su familia adoraban todo sobre la Navidad. La decoración, la comida, los regalos, el calor y la diversión de los amigos y familiares. Pero, como cristianos, lo que más valoraban era celebrar el nacimiento de Jesús y su ejemplo de amor y solidaridad.

Pero era consciente de que la Navidad no inspiraba la misma calidez y emoción en todos. De hecho, unas noches atrás, mientras arropaba a su hija Avery de seis años, pero que parecía tener doce, la niña mencionó a una compañera nueva de clases, Jada.

«No tiene amigos, mami. Se sienta sola. Le pregunté si quería columpiarse, pero creo que es muy tímida», le había dicho con tristeza.

Elaine la había mirado con orgullo, no solo por su corazón compasivo, sino por su esfuerzo por acercarse a Jada al invitarla a jugar.

Y allí, en la tranquilidad del patio, recordó que habían rezado una oración para pedirle a Dios que les mostrara formas en las que Avery pudiera expresarle su cariño e interés a su nueva compañera.

La campana que indicaba el inicio del receso resonó por la escuela, y Elaine se preparó para recibir a los niños; un segundo después, un ejército de niños de primaria atravesó las puertas. Algunos comenzaron a jugar fútbol, mientras que otros fueron al pasamanos o a los columpios.

Y, entonces, Elaine la vio: una niña que encajaba con la descripción que Avery había hecho de Jada. La pequeña se sentó sola en una banca «Buddy Bench» de colores vivos.

Las «Buddy Bench», también llamadas «bancas de la amistad», son lugares designados en los patios de juegos o en las plazas para los niños que se sienten aislados o solos. Cuando se sientan allí, es una señal de que necesitan a alguien con quien jugar o hablar.

«¡Qué gran idea instalar una de estas bancas en el patio escolar! Deberían estar por toda la ciudad para cualquiera, de cualquier edad, que necesite un amigo», pensó Elaine.

Elaine se acercó despacio a la niña.

—Hola, soy una madre voluntaria. ¿Puedo sentarme contigo? —se aventuró a decir. Jada apenas levantó la vista mientras asentía con la cabeza—. Me llamo Elaine, ¿y tú?

—Jada —respondió la niña con voz débil.

—¿Qué te trae a sentarte aquí, Jada? —preguntó Elaine, y esperó con paciencia a que la niña rompiera el silencio.

—Extraño a mi mamá —susurró por fin.

Eso no sorprendió a Elaine, ya que más temprano había hablado de las preocupaciones de Avery con su maestra.

—Una de tus maestras me dijo que te mudaste aquí con tu papá, pero tu mamá vive en otro estado, ¿es correcto? —Jada asintió con la cabeza—. ¿Así que no la ves tanto como te gustaría?

Entonces, la niña miró a Elaine a la cara por primera vez. Tenía los ojos y las mejillas llenos de lágrimas.

—Lo único que quiero para Navidad es ver a mi mami —dijo.

Elaine apenas pudo contener las lágrimas que amenazaban con salir de sus propios ojos.

«Ay, pobre niña».

Conversaron por un tiempo, en el que Elaine se esforzó por consolar a la niña, pero sintió que nada de lo que decía estaba ayudando. Era desgarrador.

Cuando la campana volvió a sonar, Jada se levantó, se recompuso y se mezcló con el flujo de niños que se dirigía de vuelta al edificio.

Por la noche, Elaine decidió usar ese encuentro como un momento de enseñanza para Avery. Una vez que la cena, la tarea y el lavado de trastes estuvieron terminados, se sentó con su hija en el sofá, iluminadas por las luces parpadeantes del árbol de Navidad, y le contó lo que Jada le había dicho en la escuela.

Después de una explicación breve, Elaine le habló a Avery de lo que significaba tener empatía por la situación de los demás, en especial durante las fiestas. Le recordó que, aunque la Navidad se tratara de divertirse, recibir a Santa Claus y sus obsequios, lo más importante era Jesús, la familia y hacer cosas buenas por otras personas.

De pronto, los ojos de Avery se ampliaron con una revelación.

—¡Ya sé qué hacer, mamá! —exclamó, y corrió a la chimenea, de donde colgaban las botas navideñas de la familia y desde donde el amado elfo de Avery, Elfie, custodiaba la sala.

Elaine, quien sabía que su hija amaba a Elfie aún más que a Santa, observó cómo la niña le susurraba al oído. Al terminar, volvió al sofá con una sonrisa orgullosa.

—Listo, mamá. Le pedí a Elfie que le lleve a Jada un globo de nieve con lugar para una fotografía. Así podrá poner una foto de su mamá y, cuando lo sacuda, será como si nevara y compartiera la Navidad con ella.

¡Elaine se quedó sin palabras! Estaba impactada por el

enorme corazón de su hija, así como también por la forma en la que Dios podía obrar a través de una predispuesta pequeña de seis años.

Sin embargo, por más dulce que fuera el pedido de Avery, también era un gran desafío. Elaine ni siquiera estaba segura de que existiera un globo de nieve como el que su hija había descrito; nunca había visto uno con ranuras para insertar una fotografía.

«Quizás pueda encontrar algo en internet mañana». A fin de cuentas, Avery aún creía que Elfie podía hacer lo que fuera, así que debía hacerlo realidad.

Pero primero…

—Muy bien. Recemos para que Dios ayude a Elfie en su misión —dijo, y tomó las manos de su hija.

La mañana siguiente, justo cuando Elaine abrió la computadora para buscar el globo de nieve en internet, alguien llamó a la puerta. Era Cheryl, su suegra. Estaba de visita con una bolsa enorme de «tesoros».

Mientras bebían café, Cheryl le explicó a Elaine que había estado ayudando a su madre a limpiar los armarios y había decidido que algunas cosas eran demasiado buenas como para tirarlas. Entonces, se las había llevado para que Elaine viera si algo podría servirle a ella o a su familia.

¿Y qué fue lo primero que sacó Elaine de la bolsa?

Lo creas o no, fue un globo de nieve nuevo, aún en su caja, con una ranura para poner una fotografía. ¡Justo lo que Avery le había pedido a Elfie!

Elaine estaba impresionada.

Al día siguiente, en la escuela, Avery le dio a la dulce Jada el mejor regalo de Navidad.

Y para Avery, Jada y Elaine, ese fue el mayor Guiño de Dios de todos los tiempos.

Reflexión

Esta historia nos demuestra la importancia de la fe infantil.

La plegaria de Elaine y Avery no solo las ayudó a encontrar un globo de nieve, sino que encontraron uno en el que la amiguita de Avery podría poner una fotografía de su madre. El suceso no dejó lugar a dudas en el corazón infantil de la niña. Aun sin saber si existía un globo de nieve como ese, le pidió ayuda a Dios de una forma sencilla y realista.

Y Dios respondió con un guiño divino.

Los niños tienen imaginaciones activas y la capacidad maravillosa de creer sin cuestionamientos.

Ah, quien pudiera tener la fe de un niño. ¿No es eso lo que Dios busca en todos nosotros?

«No se olviden de hacer el bien y de compartir
con otros lo que tienen, porque esos son los
sacrificios que agradan a Dios».

—**Mateo 18:3 (DHH)**

6C

Carol — El mejor Día de Acción de Gracias

El Día de Acción de Gracias siempre había sido un momento especial para Mary Anne, la madre de Carol. Disfrutaba de las montañas de comida, las risas y las historias compartidas en la mesa. La familia había pasado horas en su cocina, preparando la comida para ese día.

Sin embargo, parecía haber pasado una vida desde aquellos tiempos. Su padre había muerto. Su madre, de ochenta y ocho años, vivía sola en St. Louis. Y el resto de la familia estaba desperdigada por todo el país, desde Washington hasta Florida o Nueva Jersey. La hermana más cercana, Debbie, vivía a cuatro horas de distancia.

Aun así, la familia siempre se organizaba para reunirse los más que pudieran y asegurarse de que Mary Anne tuviera compañía para las fiestas.

Ya habían hecho planes para ese año, pero se desmoronaron en el último momento. Todos los que irían a St. Louis se enfermaron, por lo que Mary Anne probablemente pasaría sola el Día de Acción de Gracias. ¡Y con el congelador vacío!

Comprensiva como siempre, les aseguró a todos que

estaría bien, pero Carol percibió la decepción en su voz. La familia estaba consternada por aquel predicamento que parecía imposible de solucionar. Era el Día de Acción de Gracias y, por primera vez, su madre ni siquiera tendría comida. A Carol se le rompía el corazón.

«Por favor, Señor, que haya una solución», pidió.

Joey, el hijo menor de Carol, vivía al otro lado del país, en Seattle, y no podía creer la noticia cuando su madre se lo dijo. Su abuela no solo pasaría el día sola, sino que ni siquiera tendría una cena especial. Él siempre había sido muy cercano a su abuela, y estaba decidido a resolver el problema. Pero ¿cómo? Ya era la mañana del Día de Acción de Gracias... ¿Cuántos restaurantes habría abiertos en St. Louis?

De repente, Joey tuvo una idea, aunque parecía difícil de llevar a cabo. Recordó haber escuchado a la abuela hablar de su restaurante preferido, una barbacoa cercana a su casa, así que se apresuró a buscar el número de teléfono.

Con pocas esperanzas contra todos los pronósticos, marcó el número. El teléfono sonó, pero no hubo respuesta, y el corazón de Joey comenzó a desmoronarse. Tal vez ya era demasiado tarde. Con cada timbre del teléfono, su corazón perdía un poco las esperanzas.

«Por favor, Dios, que haya una solución», pensó.

—Hola, Honey Pit Smokehouse —respondieron.

Joey no podía creerlo.

—¡Hola! ¿Está abierto?

—No, lo siento. Estamos cerrados por las fiestas.

El hombre, que casualmente se llamaba Joe, le explicó a

Joey que pasaba por el restaurante por casualidad cuando escuchó el teléfono. Joey suspiró, decepcionado, y Joe percibió que estaba muy decepcionado.

—¿Qué necesitas?

Joey le explicó que, por circunstancias desafortunadas, su abuela pasaría el día sola y que, para lograr que de todos modos ese día fuera especial, quería enviarle comida de su restaurante preferido.

—Pero está cerrado —concluyó.

—Ya veo… —El hombre hizo una pausa—. Déjame ver qué puedo hacer. ¿Puedo volver a llamarte en un momento?

Joey aceptó y esperó junto al teléfono. Pareció una eternidad, pero Joe por fin volvió a llamar. Tenía un plan.

Una hora más tarde, cuando Mary Anne estaba en la sala, alguien llamó a su puerta. No esperaba a nadie, así que se asomó por la ventana, por donde vio a un hombre esperando pacientemente. Tenía a un niño pequeño en un brazo y una bolsa en el otro.

Cuando abrió la puerta, el aroma a pavo y acompañamientos invadió la sala.

—Joey y su familia querían asegurarse de que tuviera algo especial para la cena de Acción de Gracias —dijo el hombre con una sonrisa enorme.

Mary Anne no podía creerlo.

Y eso no fue todo. El hombre también se tomó una fotografía con ella y con su pequeño, y prometió enviársela a Joey para confirmarle que la visita sorpresa había sido un éxito.

Más tarde, mientras Mary Anne y Joey compartían la historia con el resto de la familia por teléfono, Carol apenas podía contener las lágrimas.

Dios había hecho un milagro. Le había dado a Joey la idea de contactar a un extraño amable, quien había ido a casa a preparar una caja con pavo, puré de papas y salsa de su propia cena familiar para que Mary Anne pudiera tener una cena especial del cocinero de su restaurante preferido. Y le había hecho un guiño a toda la familia de Carol, como si quisiera recordarles lo leal que es.

Reflexión

Sin importar lo que pase en tu vida, el amor inquebrantable que Dios siente por ti nunca terminará.

Su misericordia y amor se renuevan todos los días.

Y, en el caso de Mary Anne, llegó en forma de cena de Acción de Gracias.

Los abuelos cumplen papeles importantes en nuestras vidas y se encuentran en el centro de muchos de nuestros recuerdos preferidos. Suelen contarnos historias sobre las dificultades que han pasado y cómo han aprendido a valorar las cosas simples de la vida.

Las lecciones que aprendemos de ellos tienen un papel muy importante en nuestro pasado, presente y futuro.

Los abuelos no piden demasiado, pero aprecian ser consentidos de vez en cuando, y aun las cosas más pequeñas pueden darles mucha alegría.

Hoy demos gracias a Dios por nuestros abuelos y hagamos todo lo posible por brindarles algo de felicidad.

«Yo seré su Dios durante toda su vida,
hasta que tengan canas por la edad.
Yo los hice y cuidaré de ustedes;
yo los sostendré y los salvaré».

—Isaías 46:4 (NTV)

6D

Darla — La primera Navidad sin mamá

Las calles del pueblo estaban adornadas con luces navideñas, guirnaldas y decoraciones. Frente a las tiendas de la calle principal había soldados recolectando juguetes para los niños, y el Ejército de Salvación hacía sonar campanas.

Darla estaba sentada en su carro, contemplando la alegre escena frente a ella y pensando en los años en los que había estado allí con su madre. Habían conseguido muchos regalos divertidos en aquellas tiendas eclécticas.

Esa sería la primera Navidad que pasaría sin su madre, por lo que no podía evitar sentir la profunda tristeza de no poder tener juntas esa pequeña aventura, de no poder volver a escucharla ni hablar con ella.

No había pasado mucho tiempo desde su muerte, que había tomado a toda la familia por sorpresa, y en especial a su padre. La mayor parte de los días, Darla se sentía tan bien como era de esperar, pero las fiestas estaban reviviendo los sentimientos de pérdida y tristeza.

Lo que le daba consuelo a la familia era un sueño de la cuñada de Darla, Phyllis, en el que veía a su madre ir al cielo.

Les dijo que le había pedido que le dijera a la familia que estaba feliz y en casa, y que «lo único que importa es Jesús y lo que hacemos por Él».

Ahora, en el carro, Darla podía escuchar esas mismas palabras en la voz dulce de su madre, como las había dicho tantas veces a lo largo de los años, y la emoción de las Navidades pasadas con ella la envolvió como una manta. Presionó los labios cuando las lágrimas de tristeza llenaron sus ojos.

Después de un momento, Darla se recompuso y bajó del carro. El frío de diciembre hizo que se encogiera dentro de su abrigo mientras caminaba por la calle de tiendas.

Al entrar a la pequeña librería cristiana, fue recibida por las campanadas que le anunciaban al tendero que había llegado un cliente. En el lugar se sentía el aroma a canela, galletas azucaradas y pino fresco.

Darla recorrió los exhibidores con los últimos libros de oración, estudios bíblicos y novelas cristianas más vendidas, y llegó a las decoraciones y chucherías festivas.

Deseaba que su madre estuviera allí; a ella le encantarían todos los recuerdos y cuadros navideños. Mientras se acercaba a las decoraciones, sonrió al recordar lo mucho que su madre había apreciado cada uno de los adornos que habían comprado con los años, pero tuvo que dejar de pensar en ello.

«¿Podré superar la primera Navidad, que dicen que es la peor?».

Con paso firme, decidió volver al frente de la tienda para

ir a otra, pero una sensación cálida la atrajo. Sintió que algo llamaba su atención desde la estantería cercana.

Levantó la vista al estante superior y vio un único adorno; estaba de lado, por lo que era difícil identificar qué era, así que se estiró para tomarlo. Al inspeccionarlo de cerca, casi se le cae de las manos.

Era un adorno con un mensaje tallado.

SI LO PIENSAS,
LO ÚNICO QUE IMPORTA ES JESÚS.

Ver esas palabras le erizó la piel.

Pensó en todas las personas que habían entrado en esa tienda y pasado frente a ese adorno. Pero, al parecer, Dios y su madre habían dejado ese mensaje perfecto para ella, en el lugar y en el momento indicado, para hablarle a su corazón. Ese era un Guiño de Dios.

Él había guardado ese regalo en la estantería, esperando a que Darla lo descubriera.

Su madre solía decir: «Jesús es la razón de la ocasión». Ahora, cuando Darla arma el árbol navideño cada año y cuelga ese adorno, todos los recuerdos de su amada madre reaparecen. Pero ninguno supera sus palabras: «Lo único que importa es Jesús y lo que hacemos por Él».

Reflexión

En medio de la diversión, la comida y las reuniones familiares, es fácil olvidar a Cristo en Navidad.

La madre de Darla le enseñó que debía hacer una pausa y reflexionar sobre el verdadero significado de las fiestas.

Si te encuentras ocupado y estresado porque tienes demasiadas cosas que hacer, tómate cinco minutos para sentarte, rezar y disfrutar de la presencia y del amor de tu Salvador.

El día de su cumpleaños nos brinda esperanzas y futuro.

«Les dejo un regalo: paz en la mente y en el corazón. Y la paz que yo doy es un regalo que el mundo no puede dar. Así que no se angustien ni tengan miedo».

—**Juan 14:27 (NTV)**

7

Madres e hijas — Un lazo especial

7A

Kristine — El crucifijo perdido de mamá

Temprano una mañana, Kristine DeCarles salió de casa para caminar la única calle que la separaba del negocio familiar, Stock's Bakery. Un clásico de Filadelfia, fundado por su bisabuelo hacía cien años.

Kristine era una mujer de gran corazón con una fe firme, conexiones familiares y comunitarias profundas y una risa que reflejaba su amor por la vida. Y adoraba esa hora del día.

El aire se sentía frío, el cielo exhibía una paleta de colores pastel y, en la tranquilidad previa al caos del día, Kristine casi podía sentir a Dios caminando a su lado.

Gran parte de la vida de Kristine había transcurrido en esa calle. Tres de las hermosas casas adosadas habían pertenecido a miembros de la familia; una de ellas había sido su casa de la infancia y otra era su vivienda actual. Así que, como siempre, la invadían los recuerdos al pasar frente a ellas. Había sido muy divertido crecer rodeada de primos y tíos que vivían en la casa vecina.

La pastelería era un negocio rentable, pero muy exigente. Debían hornear muy temprano y controlar la contabilidad hasta muy tarde. Entonces, la familia tenía la tradición de que quien administrara el negocio pudiera vivir sin pagar renta en una de esas casas.

Kristine sonrió al recordar que a su madre, Bernice, nunca le había atraído la idea de hacerse cargo de la pastelería. Cuando tenía ocho años, su abuelo había decidido delegarles el negocio a sus padres, y Bernice se había hecho cargo de la tienda y Karl de la producción. Sin embargo, su madre sentía que debía poner toda la atención en la crianza de los hijos, por lo que su padre redobló esfuerzos y se hizo cargo de todos los aspectos del negocio durante casi cincuenta años.

Mientras tanto, Bernice cumplió el sueño de dar a luz a cuatro niños en cinco años y vivir la maternidad a tiempo completo.

«Hemos tenido una infancia maravillosa», pensó Kristine, agradecida.

Ella era la hija más pequeña y tenía un lazo especial con su madre. Mientras que su padre y sus hermanos eran lógicos y analíticos, Kristine y Bernice eran creativas y sensibles, dominadas por el hemisferio derecho. De todas formas, Bernice les había enseñado a todos sus hijos a creer en el poder de la oración.

La madre de Kristine era una católica devota y la fe era primordial para ella, por lo que tenía un pequeño crucifijo de madera junto a la cama para recordar el amor y la presencia de Dios y la necesidad de rezar. Medía menos de tres pulgadas y, desde que Kristine tenía memoria, descansaba en un exhibidor pequeño en la mesa de noche.

Pero, de forma inexplicable, el crucifijo se perdió, y Bernice se lamentó por no poder encontrarlo.

Luego, Bernice comenzó a tener problemas cardíacos que le impedían subir las escaleras, así que tuvieron que vender la casa de dos pisos y mudarse a un chalet familiar en Nueva Jersey. Kristine aún recuerda el pánico de su madre al tener que mudarse y cómo la familia pasó todo un día buscando el crucifijo perdido.

Pero no estaba por ninguna parte, y Bernice se resignó al hecho de que no lo volvería a ver.

Al pasar frente a su casa de la infancia en esa mañana de otoño, los recuerdos la invadieron. Extrañaba a su difunta madre más de lo habitual.

Como era día de recolección de residuos, no le sorprendió ver los contenedores llenos en la esquina de la casa. Pero, de todos modos, no pudo evitar pensar:

«Mira, la antigua casa de mi madre otra vez es destripada por nuevos dueños».

Mientras caminaba, pateó algo, un objeto pequeño cerca de los contenedores de basura que salió despedido por la calle.

«¿Qué fue eso?», se preguntó al mirar alrededor. Y allí lo vio, apoyado contra el borde de la acera e iluminado por un rayo del sol matutino. No podía creerlo.

—¡No es posible! —exclamó con incredulidad y alegría.

Era imposible, ¡pero allí estaba! Era el crucifijo perdido de su madre. Y no solo eso; al mirar con atención, Kristine descubrió que el exhibidor también estaba ahí, cerca del crucifijo.

¿Dónde había estado todos esos años? Nadie lo sabría.

Pero de algo Kristine estaba segura: su camino de esa mañana se había alineado para conectarse con el crucifijo perdido. Y eso significaba que Dios, probablemente en complicidad con su madre, había orquestado aquel encuentro.

Hoy en día, el pequeño crucifijo se encuentra sobre la mesa de noche de Kristine, como recuerdo del amor y de la presencia de Dios, así como también de la necesidad de rezar.

Kristine aún extraña mucho a su madre y desearía poder tomar el teléfono y llamarla, pero ahora, cuando pasa frente a su casa de la infancia, siempre recuerda cómo Dios le guiñó el ojo en ese lugar especial.

Piensa en ello: ese lugar es un punto diminuto en un mundo hecho de miles de millones de puntos. Y, al pasar por allí, Kristine siempre le agradece a Dios por la paz y la alegría que le dio con ese increíble guiño divino: la aparición del crucifijo perdido de su madre.

Reflexión

Perder a una madre es de los dolores más profundos que se pueden sentir y, cuando ya no está, anhelamos una señal, una conexión celestial.

Fue un enorme consuelo para Kristine ser guiada divinamente hacia algo de enorme valor para su amada madre: el crucifijo que se había llevado al corazón para rezar por cada uno de sus hijos. Y solo Dios sabe la cantidad de veces que aquella cruz diminuta se mojó con lágrimas de preocupación.

También fue especial el haber encontrado un tesoro tan importante para su madre frente a su hogar de la infancia. Fue un recordatorio de que, algún día, todos volveremos a abrazar y besar a nuestras madres en sus nuevos hogares en el cielo.

Dios ha creado un vecindario final para quienes lo aman; tal vez se parezca a casas adosadas, pero las calles celestiales están rodeadas de oro.

Uno de los momentos más placenteros será el reencuentro con tu madre, el volver a oler su perfume único, sentir la suavidad de su mano en tu mejilla, ver la alegría familiar en sus ojos, con la que te recibía cada vez que volvías a casa.

«De hecho, sabemos que, si esta tienda de campaña en que vivimos se deshace, tenemos de Dios un edificio, una casa eterna en el cielo, no construida por manos humanas».

—2 Corintios 5:1 (NVI)

7B

Caroline — El martirio amarillo de mamá

El amarillo es el color más brillante y feliz, pero Marie White lo odiaba.

No siempre había sido así. La mayor parte de su vida fue indiferente, tan solo le gustaban más otros colores, como el rojo o el azul. Sin embargo, a sus noventa y dos años, cuando se mudó a vivir en una residencia para ancianos en North Olmsted, Ohio, y comenzó a sufrir demencia, desarrolló una aversión profunda al amarillo.

Y lo que más perturbaba su paz mental era un automóvil de ese color.

Cuando Marie y su hija Caroline, que la mantenía tan activa como podía, estaban en la carretera en algún lugar y enfrascadas en una conversación, y se les atravesaba un vehículo amarillo, la amable Marie parecía convertirse en el Increíble Hulk. No se enfadaba con nadie, pero necesitaba hacerle saber a Caroline lo mucho que le disgustaba el color amarillo.

Una vez que aparecía el vehículo «ofensivo», Marie gritaba

«¡Carro amarillo!», y comenzaba a despotricar. Caroline, comprensiva, la escuchaba con paciencia.

Al terminar sus quejas sobre el color, Marie siempre recordaba una historia de su padre y un automóvil que había pintado de un tono amarillo verdoso décadas atrás, cuando ella era apenas una niña. A su padre no le había gustado el color, y acabó pintándolo de nuevo cuando tuvo la oportunidad.

Dado que Marie recordaba muy poco del pasado, Caroline la dejaba relatar la historia de su padre y el lejano verano del carro amarillo verdoso una y otra y otra vez.

Después de que Marie murió por complicaciones derivadas de la demencia, Caroline la extrañaba muchísimo. A pesar de la enfermedad avanzada, habían compartido muchas risas y buenos momentos.

Cuando se acercaba el primer aniversario de la muerte de su madre, a finales de agosto, Caroline sentía la pérdida con más intensidad y anhelaba una señal de Dios que le dijera que Marie estaba bien.

Un día, se vio involucrada en un choque leve. Nadie salió lastimado, pero debía llevar el carro al taller para repararlo. El seguro cubriría los gastos de alquilar otro vehículo mientras el suyo estaba en reparación.

Entonces, una mañana soleada antes del trabajo, Caroline dejó su automóvil en un taller mecánico en Lorain Boulevard y caminó una distancia corta hasta el lugar de alquileres de vehículos, donde había reservado uno. El frente de la tienda daba a la calle opuesta a Lorain Boulevard, así que lo primero que vio al acercarse fue la parte trasera de ladrillos. Caminó por el costado y entró por atrás. El empleado en el mostrador encontró su reserva y vio que estaba cubierta por la aseguradora, por lo que se arriesgó a venderle una mejora.

—¿Está segura de que no quiere un vehículo más grande?

—No, gracias. Lo tendré solo unos días, hasta que mi carro sea reparado.

Solo unos días. Pero en pocos días se cumpliría el primer aniversario de la partida de su madre al cielo, así que no necesitaría un vehículo más elegante para salir de paseo a ningún sitio.

—De acuerdo. Su carro se encuentra en el estacionamiento, cruzando la calle. Espere aquí fuera, enseguida se lo traigo.

Caroline le dio las gracias y salió. Como se encontraba en la parte trasera del edificio, no podía ver de qué vehículo se trataba. Pasados unos minutos, bajó la vista a su reloj y volvió a alzarla al escuchar que se acercaba un vehículo.

«Debe de ser el mío», pensó.

El automóvil dio la vuelta a la esquina y se detuvo frente a ella.

Caroline se quedó boquiabierta, y luego comenzó a reír. No era posible.

¡Era un CARRO AMARILLO!

Esa era su radiante y feliz señal de Dios.

Y luego, para acentuar ese guiño divino, cuando subió a su hermoso *carro amarillo* y encendió la radio, sonó la canción favorita de su madre: *You Needed Me*, de Anne Murray.

Una canción de los setenta que no se escucha con mucha frecuencia.

A partir de ese día, Caroline comenzó a prestar atención a los vehículos amarillos, igual que había hecho su madre. Excepto que, para ella, cada carro amarillo representaba un momento de paz y alegría.

¡Era como recibir un saludo soleado desde el cielo!

Reflexión

Dios nos habla en un idioma personal que solo nosotros podemos entender. Para Caroline, fueron vehículos amarillos. Para otra persona puede ser el canto de un cardenal o las alas de una mariposa azul.

Solo tienes que mantener el corazón y la mente abiertos para ver las señales que Dios pone en tu camino para fortalecerte, guiarte y, a veces, solo para saludarte.

«Ya sea que te desvíes a la derecha o a la izquierda,
tus oídos percibirán una voz a tus espaldas que te dirá:
"Este es el camino, síguelo».

—**Isaías 30:21 (NVI)**

7C

Yvonne y Vivian — Madre e hija — Un lugar feliz

La voz resonante de Vivian Shudde se elevó sobre el bullicio y llamó la atención de los padres y amigos reunidos en el auditorio para disfrutar de las atracciones principales del fin de semana abierto al público: un espectáculo navideño representado por treinta o cuarenta de los «ciudadanos» que residían en la Comunidad Brookwood para Adultos con Necesidades Especiales.

En poco tiempo, los presentes disfrutarían del aclamado Coro de Campanas de Brookwood, en el que todos los ciudadanos usarían gorros de Santa Claus, sostendrían sus campanas y prestarían atención a su director.

Luego continuarían con una de sus obras originales, que siempre eran inspiradoras y alegres y destacaban las habilidades de cada uno de los participantes, que por lo general superaban las expectativas.

Vivian, una líder única y con gran sentido del humor, era directora de la Comunidad desde hacía una década, cuando su madre, la fundadora, se había retirado.

Yvonne era una leyenda en Houston. En principio, por haber fundado una escuela primaria y secundaria para niños con necesidades especiales, en parte para abordar las necesidades de su propia hija, Vicki, quien, al año de edad, había sufrido daño cerebral a causa de un cuadro de encefalitis.

Más adelante, cuando Vicki cumplió veinte años, Yvonne se encontró con la difícil realidad que enfrentaban todos los padres: que existían pocas opciones para brindarles vidas plenas a *adultos* neurodivergentes.

En consecuencia, Yvonne Streit enfocó su determinado liderazgo en encontrar una solución, y la encontró en la Comunidad Brookwood para Adultos con Necesidades Especiales. Como diría Vivian con una sonrisa: «Será mejor que escuches a mamá o acabarás con huellas en la espalda».

Tal vez parezca inusual que dos mujeres, madre e hija, sean memorables y tengan personalidades marcadas y enérgicas.

Pero nadie puede negar que ambas han tenido un papel protagónico en la evolución de la Comunidad Brookwood, ubicada en un campo de pastoreo de ciento noventa y seis hectáreas, cuarenta minutos al oeste de Houston y cerca de Katy, Texas. En la actualidad, muchos consideran que Brookwood es una de las organizaciones líderes de los Estados Unidos (y del mundo, tal vez) al servicio de adultos con necesidades especiales.

Una de sus misiones es compartir con otros lo que han aprendido. Hasta la redacción de este párrafo, más de tres mil organizaciones de todos los continentes, a excepción de la Antártida, han visitado el pintoresco y pacífico campus del Centro Educativo de Brookwood para aprender sus métodos.

Vivian, como hermana de Vicki, recuerda cómo comenzó. Cuando ella era pequeña, su madre tenía un formulario de inscripción para registrar a ayudantes de buen corazón que le dieran a Vicki una serie de ejercicios para estimular su movilidad. Ella u otros miembros de la familia cumplían uno o dos turnos diarios.

«Uno de los objetivos de mamá era enseñarle a Vicki a comer sola. Eso implicaba que debía aprender a tomar un objeto, levantarlo y soltarlo», explicó Vivian.

Otros padres con necesidades similares comenzaron a presentarse en casa de Yvonne, con la esperanza de que ella pudiera ser la respuesta a sus plegarias: querían mejorar las vidas de sus hijos. En poco tiempo, comenzó a trabajar con niños en el patio trasero. Allí aprendían a moverse sobre camas elásticas, a subir escaleras, a reptar dentro de tubos de tela; eran actividades ideadas como juegos, pero que les enseñaban a hacer cosas de las que nunca se habían creído capaces.

Eso fue lo que llevó, en un primer momento, a la fundación de la Escuela Briarwood, que continúa en funcionamiento hoy en día.

Al momento de la fundación de la Comunidad Brookwood para Adultos con Necesidades Especiales, Vicki ya tenía veintidós años, y fue una de sus primeras ciudadanas.

«La capacidad única de mi hermana de "tomar, levantar y soltar" permitió que mamá la llevara a trabajar en el Departamento de Horticultura. Allí podía tomar una planta en maceta, levantarla y dejarla en el lugar indicado sobre una charola», relata Vivian.

Yvonne agrega: «En la actualidad, los ciudadanos de Brookwood propagan alrededor de trescientas mil plantas al año»[1].

Cada año, Brookwood cultiva un aproximado de cinco mil flores de Pascua, que contribuyen a las ganancias generadas por los demás productos creados o cultivados por los ciudadanos. Y eso permite que Yvonne cumpla con su palabra original de no aceptar dinero del gobierno. En su lugar, se valen del dinero generado por la propia Comunidad y de donaciones. «Agradecemos y honramos a las personas amables que nos ayudan a afrontar las necesidades de uno de los segmentos de la sociedad que más rápido crece: el de los adultos con necesidades especiales».

Volvamos al espectáculo navideño de Brookwood. Mientras Vivian continuaba dando la bienvenida entusiasta a los asistentes al espectáculo, una chica con discapacidad, que estaba sentada con su familia, comenzó a llorar, y sus padres intentaron tranquilizarla.

—Está bien. Estamos en su mundo —dijo Vivian.

Una vez más, Vivian Shudde demostraba su capacidad de

---

1 Yvonne Streit (2016). ***Everyone's Got a Seed to Sow.*** Bright Sky Press.

empatizar con las personas cuyas mentes y cuerpos no funcionan del mismo modo que los de la mayoría, así como también se mostraba abierta a defenderlas. Esto enfatizaba la misión de Brookwood: «Cambiar la forma en la que el mundo mira a los adultos con discapacidades».

Uno de los principios de la Comunidad es tratar a todo el mundo con respeto.

Greg Glauser, escritor y director de todos los espectáculos navideños durante décadas, dice: «Les enseñamos a nuestros ciudadanos que todos son famosos por algo. Nuestro trabajo es ayudarlos a encontrar en qué y alentarlos».

Nos han explicado que el personal de Brookwood evita usar la palabra «normal» y Vivian, siempre ocurrente, agrega: «Normal no es más que un programa de la lavadora».

Aunque la visión de Vivian se formó al haber crecido con una hermana con discapacidad avanzada y luego haberse especializado en Educación Especial en la universidad, ella también aprendió de la forma difícil, igual que su madre. Dio a luz a un niño con necesidades especiales, Wilson.

En la actualidad, Wilson tiene cuarenta y un años y es uno de los residentes más cautivadores de Brookwood. Todos los 114 residentes permanentes y los 147 estudiantes de día reconocen su voz animada cuando se acerca, y nunca le falta tema de conversación.

Vivian comenzó a cerrar las palabras de bienvenida del fin de semana abierto al público.

—Cuando recorran Brookwood más tarde, verán a personas con discapacidades físicas y a otras con discapacidades mentales, pero los desafío a encontrar a alguien con discapacidad espiritual. —Miró al público con seriedad y continuó—. Creemos que Dios nos ha llamado para servir a sus hijos *más* amados. Como Proverbios nos dice: «Levanta la voz por los que no tienen voz».

Vivian siempre parece tener una forma de honrar a quienes «no tienen voz». Nunca le falta una anécdota encantadora.

Por ejemplo, cuando uno de los jugadores del equipo de baloncesto de las Olimpiadas Especiales de Brookwood encestó para el equipo contrario, el entrenador le señaló lo que hizo, a lo que el jugador respondió: «Lo sé, necesitaban los puntos».

Epílogo

Un hermoso documental de veinte minutos retrata la experiencia de vivir en Brookwood. La historia es relatada desde las distintas personalidades de Yvonne y de Vivian, con la colaboración de algunos miembros del personal y, lo más importante, con la alegría en los rostros y las voces de los miembros de la Comunidad.

El documental, *The Joy of Brookwood*[2], es un tributo inspirador a lo que una madre y una hija (ambas con hijos con

---

2 The Brookwood Community. *A Joyful Place–The Brookwood Story*. Crescent Moon. Disponible en YouTube. https://www.youtube.com/watch?v=XSPpQgnA2gc.

necesidades especiales) pueden hacer para ayudar a personas en su misma situación.

La historia inspiradora también puede ser encontrada en el libro *Everybody's Got a Seed to Sow*, de Yvonne Streit y Jana Mullins.

Louise y yo conocemos Brookwood muy bien, ya que nuestro hijo Grant vive allí.

Reflexión

El amor de Dios nunca se mide por parámetros cognitivos. Él no nos califica por nuestros logros mundanos, sino que mira en nuestros corazones.

Ante sus ojos, los niños con necesidades diversas son especiales. ¡Sus corazones son enormes!

Si se lo preguntas a cualquier padre de un niño con discapacidades, la mayoría admitirán que es desafiante, pero casi todos te dirán con alegría lo mucho que sus hijos han enriquecido sus vidas y que les han enseñado a ser más abiertos, comprensivos y compasivos con los demás.

Yvonne y Vivian confiaron en Dios para que escribiera su historia con ellas, aunque no fue la que hubieran escogido. Todos los obstáculos que enfrentaron los han superado con fe y determinación inquebrantables.

Cuando hay visitantes en la Comunidad Brookwood, son testigos de la inocencia infantil y del amor incondicional que cada ciudadano le brinda a cada persona que conoce.

«Y ahora, gloria sea a Dios,
que puede hacer muchísimo más de
lo que nosotros pedimos o pensamos,
gracias a su poder que actúa en nosotros».

—Efesios 3:20 (DHH)

El mayor objetivo de Yvonne y Vivian es enseñarle a cada uno de los miembros de la Comunidad que tienen un propósito, un trabajo que cumplir para Dios.

Sin embargo, a menudo son los ciudadanos quienes les dan lecciones sobre el amor de Dios. Son los promotores que les demuestran a Yvonne y a Vivian (y a todos los maestros de Brookwood) que pueden marcar una diferencia en la forma en la que el mundo ve a los adultos con discapacidades.

7D

Kathryn y Ruth — Siempre estaremos cerca

El sol se estaba poniendo cuando los delfines aparecieron, saltando las olas de Redondo Beach, California. Kathryn Dow, aspirante a guionista recién entrada en la treintena, los observó hasta que el sol se escondió en el horizonte y el cielo se tiñó de colores.

Ya no podía seguir postergando la llamada que temía hacer desde que había salido del consultorio médico esa mañana. Ya debía pasar la hora de la cena en Ohio, por lo que sabía que su madre estaría en casa.

Aunque eran cercanas (de hecho, *porque* eran cercanas, a pesar de los miles de kilómetros que las separaban), Kathryn no le había contado a su madre sobre el bulto del tamaño de una almendra que se había encontrado en el cuello. Su madre todavía estaba sufriendo la pérdida repentina de su esposo, Charles (padre de Kathryn), que había fallecido hacía tres años, por lo que no quería causarle más preocupaciones.

En principio, había pensado en contárselo después de confirmar que no era nada malo, pero tras una serie de pruebas de urgencia y de haber visto al especialista, le indicaron que necesitaban hacer una biopsia. Era jueves, y la biopsia estaba agendada para el lunes. Entonces, pensó que sería bueno prepararla en caso de que los resultados fueran negativos.

En Cleveland, Ruth Dow, una mujer cerca de ochenta años, contestó el teléfono enseguida. Luego, Kathryn bromearía diciendo que, al escuchar la noticia, «dejó el teléfono colgando y corrió al aeropuerto para tomar el primer vuelo a Los Ángeles».

De hecho, Ruth llegó el sábado; quería estar con su hija para la biopsia.

Ruth se quedó durante dos meses, y estuvo presente durante la cirugía de remoción del tumor canceroso y el tratamiento siguiente. Cuando Kathryn no podía conducir, le enorgullecía ver cómo su madre de casi ochenta años se las arreglaba para hacerlo en medio del infame e implacable tráfico de Los Ángeles.

A pesar de que no fueron tiempos fáciles, le sacaron el mayor provecho, y hasta encontraron momentos de diversión cuando les era posible. Salieron a comer afuera, visitaron los Jardines Huntington para recrear una fotografía que su madre se había tomado en un viaje a Pasadena cuando era joven y, por supuesto, vieron horas de comedias románticas, su género de películas preferido.

A Ruth le sorprendió enterarse de que Kathryn nunca había visto *Tienes un e-mail*, que se había estrenado seis meses atrás. De alguna forma, en el ajetreo de su trabajo como coordinadora de guion en televisión, la había pasado por alto. Ruth no descansaría hasta conseguir una copia en la tienda de video para que la vieran juntas, porque sabía que encajaría a la perfección con el gusto de Kathryn. Y estaba en lo cierto: a su hija le encantó y, más que eso, amó que ella supiera que le gustaría.

Y lo mejor de todo fue que dejarse atrapar por los problemas de Kathleen Kelly, la heroína de la película, hizo que las dos se olvidaran de los suyos por un corto período de tiempo.

Después de que su madre volvió a casa, Kathryn intentó volver a su vida habitual. Antes del diagnóstico de cáncer, había firmado con una maravillosa agente en crecimiento, que estaba trabajando para organizar reuniones para ella.

Pero sabía que no podía volver a su emocionante pero agotador trabajo en producción televisiva a causa de su salud. Y sabía que, al no tener a su padre, su madre se beneficiaría mucho si ella volvía a Ohio. Escribir para la televisión y el cine era uno de sus sueños, pero se preguntaba si sería hora de seguir otros y buscaba una señal que le marcara la dirección correcta.

Sus amigos y familiares de Ohio la instaban a volver a casa.

En una llamada con su madre, le dijo que volvería a Ohio, pero que le quedaba un año de contrato de alquiler en su apartamento.

En ese momento, un llamado a la puerta interrumpió la

conversación. Era el dueño del condominio que rentaba, quien le explicó que estaba pasando por un momento difícil y necesitaba volver a vivir allí, pero que honraría el contrato que tenían. Sin embargo, quería hacerle saber que si ella quería interrumpir el contrato por alguna razón, no tendría ningún problema con eso.

Cielos. Kathryn estaba perpleja. Esa era su señal. ¿Necesitaba verla en papel? Dios le estaba guiñando el ojo y dándole la oportunidad de volver a casa.

Tras diez años increíbles en Los Ángeles, Kathryn se despidió de los buenos amigos que había hecho allí y de la vida que amaba. Su agente le dijo que sentía que se marchara y le prometió que siempre leería cualquier cosa que ella escribiera (promesa que ha cumplido hasta el día de hoy).

Después de varios tratamientos en Ohio, el cáncer de Kathryn entró en remisión. Consiguió un trabajo que le gustaba como escritora y editora de tarjetas de felicitación a tiempo completo y, en su tiempo «libre», escribía el guion de una comedia romántica con su amigo John, que trabajaba en la misma empresa.

Kathryn y su madre compartieron muchas risas y momentos felices, tanto yendo al cine como disfrutando de su pasatiempo preferido: salir a comer afuera. Y, en más de una ocasión, algún desconocido pagó la cuenta.

La mayoría lo hacía de forma anónima, pero un hombre se les acercó para explicarse: Ruth le recordaba a su madre, a quien extrañaba muchísimo. Dijo que se había sentido impulsado a realizar ese acto de bondad «por mi mamá, porque me crio muy bien».

Unos años después de que Kathryn volviera a Ohio, la memoria de Ruth comenzó a fallar, pero su sentido del humor nunca lo hizo. Cuando Kathryn le explicó que le harían una tomografía computarizada del cerebro, Ruth respondió: «¡Espero que lo encuentren!».

Ruth fue diagnosticada con demencia vascular, y Kathryn agradeció poder estar allí para su madre, que se mudó a una residencia donde recibiría la asistencia que necesitaba a la vuelta de la esquina.

Con el paso de los años y el avance de la enfermedad, Ruth vivía en el momento y amaba reír; tal vez no recordaba algunas cosas, pero siempre sabía cuándo saldrían a cenar y cuándo era domingo de *brunch*.

Uno de esos domingos, al salir del estacionamiento de uno de sus lugares preferidos, Kathryn se detuvo en un semáforo, frente a un antiguo cine de los años veinte convertido en bar. Entonces, le contó a su madre que ella y su compañero de escritura se reunían allí para escribir el guion de una película sobre un escritor de tarjetas de felicitación. Parecía buena idea escribir una película en un lugar que había sido un cine. Kathryn lo mencionó algunas veces y luego descubrió que, a pesar de la demencia, su madre lo recordaba a la semana siguiente. Y a la siguiente.

Cada vez que esperaban a que cambiara el semáforo en esa esquina, era su madre quien lo mencionaba: «¿No es aquí donde escribes tu guion?». Quería estar al tanto de las últimas noticias del proyecto.

Para la primavera de ese año, la salud de Ruth comenzó a desmejorar más rápido. En sus peores momentos, confundía a Kathryn con su propia madre, pero Kathryn no la corregía. En cierto modo, estaba en lo cierto; el amor que las unía era el mismo.

El Día de las Madres fue un día soleado y agradable, y Kathryn y Ruth se sentaron en el hermoso jardín de la residencia donde vivía Ruth. Kathryn sabía que ese sería su último Día de las Madres juntas y, dado que su tiempo se acercaba a su fin, se sintió obligada a decir algo.

—No importa dónde estemos, siempre estaremos cerca —dijo, pero no esperaba que su madre respondiera.

—Tu padre siempre decía eso. —El padre de Kathryn había muerto hacía casi una década—. No importa dónde estemos, siempre estaremos cerca.

Kathryn se lo había dicho a su madre para darle consuelo, pero resultó ser un consuelo para ella en los años siguientes a la muerte de Ruth.

Dos años después, durante una primavera, Kathryn se vio bajo mucho estrés, tanto bueno como malo. Malo porque tenía razones para creer que su cáncer había vuelto. Bueno porque el guion de comedia romántica en el que había estado trabajando años atrás con su colega, en ese cine devenido bar, había recibido una luz verde «intermitente».

Un ejecutivo de un medio les pidió un nuevo boceto del guion y, si los cambios eran idóneos, la luz intermitente se convertiría en una luz fija. El guion quedaría aprobado para ir a producción, y el sueño de la vida de Kathryn se haría realidad.

Pero sin presiones.

La noche previa al procedimiento médico que determinaría si el cáncer de Kathryn había reaparecido era también la previa a la fecha límite para entregar el nuevo guion. Y, para empeorar la situación, su vieja laptop se quedaba congelada y dejaba de funcionar varias veces por hora, lo que derivaba en un proceso de reinicio muy extenso.

Mientras estaba escribiendo, perdida en sus pensamientos, sucedió otra vez. La laptop estaba congelada. Se sintió tentada a arrojarla por la ventana, pero eso no resolvería los problemas. En esa oportunidad, decidió que no se quedaría a ver cómo se reiniciaba despacio mientras su frustración crecía. En su lugar, usaría ese tiempo para tranquilizarse y «reiniciarse» a sí misma.

Tomó aire y desvió la mirada de la pantalla hacia el suelo. Y rezó. Rezó por su salud y por tener inspiración para escribir algo que convirtiera una luz intermitente en una fija. Rezó por tener esperanza, consuelo y paz en su corazón. Pasó tanto tiempo en esa posición que, cuando alzó la vista, la laptop había terminado de reiniciarse.

Y la sorprendió encontrarse con el rostro sonriente de su madre, Ruth, en la pantalla.

Reconoció que esa era una de sus fotografías preferidas, en la que ella y Ruth compartían un postre en The Cheesecake Factory. No había estado abierta antes de que la laptop se reiniciara y tampoco era un salvapantalla; solo era una de las numerosas imágenes que guardaba en la galería del ordenador. Y aunque Kathryn también estaba en ella, un mensaje del sistema la cubría, así que solo se podía ver a Ruth.

«No importa dónde estemos, siempre estaremos cerca».

Durante los años en los que la salud de Ruth empeoraba, ella fue una buena paciente, optimista y amable, pero, si un médico u enfermera la presionaba demasiado, decía «Me están lastimando» con voz fuerte y firme.

En otras palabras, quería que la dejaran en paz.

Cuando Kathryn se sometió al procedimiento médico al día siguiente, hubo un momento, justo antes de que percibiera el dolor, en el que «escuchó» la voz de su madre exclamar esas palabras.

El técnico se disculpó, pero ella no había pronunciado nada. Luego el técnico movió a Kathryn de un modo que el dolor desapareció. ¿Él también había escuchado la queja de su madre?

Los resultados de los estudios llegaron de inmediato, y las noticias fueron buenas: ¡no tenía cáncer!

Una vez que se sintió aliviada, Kathryn se percató de que no había comido en todo el día, así que se dirigió a un restaurante cercano. Estaba revisando el nuevo boceto del guion (que luego recibiría luz verde, ¡sí!), cuando notó a una madre sentada en un reservado con su hija. Las dos conversaban y se reían emocionadas. Aunque Kathryn no podía entender todo lo que decían, supo que acababan de comprar un condominio juntas y que estaban repasando todas las cosas que tenían por hacer. Listas de compras y diversión por montones.

Antes de salir del restaurante, Kathryn pagó su cuenta y la de ellas.

«Por mi madre, porque me crio bien», pensó con una sonrisa.

Epílogo

Cuando la comedia romántica navideña se estrenó en diciembre de ese año, Kathryn y su compañero, John, dieron una fiesta para verla con sus familiares y amigos en el viejo cine en el que la habían escrito.

El bar escribió el título de la película en la marquesina sobre la entrada. En la misma que Ruth y Kathryn miraban mientras esperaban a que cambiara el semáforo. Donde su madre le preguntaba: «¿No es allí donde escribes tu guion?».

La vida es un círculo.

Reflexión

A veces debes dar un paso atrás para avanzar.

En cierto sentido, Kathryn sintió que estaba renunciando a su sueño al dejar Los Ángeles, pero en realidad estaba cuidando mejor de sí misma y de sus seres amados, en especial de su madre.

Dios le dio la oportunidad de sanar, de recuperarse, de descubrir nuevos caminos y conocer a nuevas personas. Y no abandonó el sueño de llegar a Hollywood que Él había puesto en su corazón; simplemente fue hacia el por un camino un poco más largo.

Está bien si los sueños evolucionan, cambian o toman tiempo; ¡disfruta el paisaje! Y recuerda que Dios está contigo en cada paso del camino.

La vida no siempre es fácil, pero recuerda que no estás solo, aunque a veces sientas que lo estás.

Con la gracia de Dios, tu camino tiene la bendición de contar con las personas que Él pone allí para ti, para que las ames y te amen a lo largo del viaje. Ellas hacen que el camino sea un poco más fácil, que merezca más la pena y que sea mucho más divertido.

Recuerda que Dios está contigo en las buenas y en las malas.

No importa dónde estés, Él siempre estará cerca.

«Mi mandato es: ¡Sé fuerte y valiente! No tengas miedo
ni te desanimes, porque el SEÑOR tu Dios está
contigo dondequiera que vayas».

—**Josué 1:9 (NTV)**

8

Madres y encuentros angelicales

8A

Roma — Abrazada por un ángel

A veces, Dios nos usa a cada uno de nosotros como intermediarios de sus guiños divinos, como mensajeros inconscientes que transmiten sus guiños a otras personas. ¿Y con qué fin? Tal vez solo para que seamos una luz reafirmante, para que les demos consuelo a esas personas o que sepan que no están solas.

La joven se acercó a Roma con timidez, pero también con determinación. Era frecuente que las personas reconocieran a Roma Downey, ya que su programa de televisión la llevaba a los hogares de veinte millones de personas cada semana.

—Quería que supieras que ayudaste a salvar mi vida —dijo la joven con la voz algo temblorosa.

—¿Cómo es eso? —preguntó Roma, en su amable acento irlandés.

La mujer le enseñó las muñecas: la piel pálida estaba irritada alrededor de las cicatrices.

—Yo… intenté quitarme la vida —confesó dudosa—. Me sentía abandonada por mi familia y por Dios. Estaba sangrando, deslizándome hasta el suelo con la espalda contra la pared del baño, esperando la muerte. —Hizo una pausa para contener las lágrimas—. Entonces grité: «¡Dios, ni siquiera ahora escucho una palabra tuya porque no estás aquí!». —Tomó aire y abrió bien los ojos, fijos en Roma—. Luego te escuché hablar. Dijiste: «No estás sola. Nunca has estado sola. ¿No sabes que Dios te ama?».

Mientras intentaba procesar lo que la mujer estaba diciendo, Roma la miró con compasión, pero temía que cualquier cosa que dijera pudiera sonar demasiado duro.

«¿Me escuchaste? ¿Dónde? ¿Cuándo? No entiendo».

Roma representaba al ángel principal en la serie de televisión *Touched by an Angel* (Tocados por un ángel), por lo que no era inusual que se encontrara con fanáticos que creían conocerla como a una vecina o amiga cercana o que, en algunos casos, creyeran que era un ángel de verdad.

Pero este caso era diferente. Esta joven afirmaba haberla escuchado.

Se hizo un silencio incómodo mientras ella miraba a los ojos de la chica, que una vez más intentaba contener las lágrimas. Fue un milisegundo irreal.

Hasta que Dios le dio claridad, una idea de lo que podía haber pasado.

Aunque sonara imposible, Dios debió haber alineado la voz de Roma en la serie de televisión para que la escuchara esa pobre chica, en el momento preciso en el que se sentía perdida y necesitaba que alguien la amara y se lo dijera.

En el momento preciso en el que la joven estaba por

lastimarse para siempre, en el que le gritó a Dios que la escuchara por última vez, debió de haber escuchado el segmento de la «revelación del ángel» desde la televisión en otra habitación. Ese era el momento emotivo de cada episodio en el que el actor que representaba al ángel revelaba su identidad frente a una persona en problemas.

—Eras tú. Hasta ese momento, ni siquiera sabía que el televisor estaba encendido —continuó la joven, con la voz quebrada—. ¡Escuché tu voz en respuesta a mi pedido a Dios de que se mostrara! —Las últimas palabras se perdieron en sollozos.

Entre la conmoción, teniendo en cuenta las miles de horas de programación televisiva, Roma se preguntó qué arreglos increíbles debieron alinearse para que se diera aquel guiño divino, para que su voz saliera de un televisor ubicado donde esa alma desesperada pudiera escuchar esas palabras sinceras, dirigidas a la persona a la que Dios quería salvar.

Y allí se estaba llevando a cabo otro momento de alineación divina. La misma joven había encontrado a Roma en persona.

La voz de la chica continuó, más fuerte, y devolvió a Roma al presente.

—Me envolví las muñecas con toallas y llamé a una ambulancia. Así fue como me salvaste la vida.

Roma la miró con compasión y logró susurrar una respuesta.

—Y esa es evidencia de que los ángeles son los mensajeros de un Dios omnipresente.

También con lágrimas contenidas, Roma se acercó a la joven y la abrazó. Una sensación de paz las envolvió a ambas al cobrar consciencia de que la luz del amor de Dios brillaba sobre ellas y que lazos invisibles las habían conectado (no por casualidad, sino por alineamiento divino) en el GPS de Dios, su propio sistema de posicionamiento celestial.

—Suena increíble —dijo Roma con una sonrisa y las manos en los hombros de la joven—. Mi voz, como el ángel Mónica, sonó a través de un televisor en otra habitación, en el que debía de ser el momento más crucial de tu vida, para darte esperanzas y confianza en el amor de Dios justo cuando lo necesitabas. Así es Él, ¿no?

Y se abrazaron otra vez.

Reflexión

Dios nos llama para que seamos sus manos, pies y corazón aquí en la Tierra. A veces, también para que seamos su voz.

La voz melodiosa con acento irlandés de Roma pronunció palabras de consuelo y reafirmación desde el trono celestial, a través del televisor en la habitación contigua a donde estaba la joven, para llevarle un mensaje que salvaría su vida. Él quería que, en su momento más desesperado, supiera que no estaba sola y que era muy amada.

A través de Roma y de una serie televisiva, Él le dio vida.

¿Hay alguien en tu vida a quien Dios haya usado como vehículo para darte un mensaje de esperanza y consuelo? No sería inusual que la respuesta sea que sí.

Nunca seremos lo suficientemente perfectos para representar a Dios, pero la buena noticia es que no tenemos que serlo. Dios quiere «vehículos predispuestos». No llama a quienes están preparados, sino que prepara a quienes llama.

Cuando nos habituamos a escuchar la voz de Dios, podemos sentir su presencia, Él se revelará a sí mismo. Y luego, tal vez, Él nos usará como vehículos, como mensajes inconscientes, para enviarle un guiño divino a otra persona, tal como le sucedió a Roma.

«Acérquense a Dios y Él se acercará a ustedes».

—Santiago 4:8 (NVI)

8B

Carrie — Ángeles en la puerta

Ya han pasado veinte años, pero Carrie Hinely lo recuerda como si hubiera sido ayer. Fue una tarde soleada de un sábado que parecía como cualquier otro, aunque pronto se convirtió en todo lo contrario.

Carrie y Chris, su esposo y padre de sus tres hijos, administraban un negocio exitoso en Columbia, Carolina del Sur: la tienda de dulces y de regalos Peanut Man. Decir que era una mujer ocupada no le haría justicia en absoluto.

Sin embargo, Carrie equilibraba sus múltiples responsabilidades con gracia y buen humor, así que, cuando su hijo Mitchell, un niño de ocho años aficionado al *skate*, le pidió que lo llevara al parque, ella le dijo que buscara la tabla y el casco. Lo dejaría en el parque una hora, mientras ella hacía algunos mandados y pasaba por el trabajo.

El parque de *skate* era bastante nuevo en el pueblo. Estaba cerca de todo, era limpio y tenía buena supervisión, por lo que los padres se sentían seguros de dejar a sus hijos allí para que se divirtieran. Carrie registró a Mitchell, firmó el formulario de admisión e hizo que su hijo le prometiera tener siempre el casco puesto mientras patinara. Luego, se marchó.

Más tarde, cuando se encontraba en su tienda, recibió una llamada: Mitchell se había golpeado la cabeza y debía ir a Urgencias.

A pesar de haber tenido el casco puesto, el golpe había sido muy fuerte. Aunque el niño afirmaba sentirse bien, los empleados del parque instaron a Carrie a que fuera a recogerlo para llevarlo al hospital, así que ella llamó a su esposo y los dos llevaron a Mitchell a que recibiera atención médica.

Después de lo que pareció una eternidad, el médico salió para hablar con los padres preocupados, pero lo que dijo no les dio consuelo. Aunque Mitchell parecía estar bien, la resonancia magnética había revelado un quiste en la parte trasera del cerebro. No podían saber cuánto tiempo llevaba allí, solo que lo habían visto y que era probable que estuviera creciendo. Debían mantenerlo vigilado.

Los médicos le prescribieron medicación a Mitchell y les indicaron a Carrie y a Chris que debían realizar una resonancia magnética cada tres meses.

Esa fue la parte fácil.

En poco tiempo, Mitchell comenzó a sufrir migrañas insoportables y a perder la vista, lo que le imposibilitó ir a la escuela, jugar con amigos o ver televisión.

Cada resonancia revelaba que el tumor había crecido, así que los médicos comenzaron a hablar de una cirugía, pero a Carrie y a Chris les inquietaba pensar que alguien cortara el cerebro de su hijo.

Carrie les preguntó a los médicos si no había nada más que pudieran intentar antes de la cirugía, a lo que respondieron que podían comenzar con otro protocolo de medicamentos de inmediato.

Mientras tanto, Carrie y Chris seguían rezando por su hijo, solos, juntos y con sus respectivos grupos de apoyo de la iglesia.

De repente, un domingo, alguien llamó a su puerta. Eran Peter y Toni, un matrimonio que estaba allí para rezar por Mitchell.

Era una pareja *hippie* mayor. Peter era alto y desgarbado y llevaba un bolso de cuero. Toni tenía el cabello rubio, que le caía sobre los hombros, y unos amables ojos verdes. Los dos tenían muchos tatuajes y habían venido en una motocicleta que habían dejado en la entrada.

Chris reconoció a Peter de su grupo de apoyo, y Carrie recordó a Toni del suyo. Eran nuevos en la ciudad y asistían a la iglesia desde hacía dos o tres meses.

—¿Podemos pasar a rezar por su hijo? —preguntó Peter.
—No será mucho tiempo.

Carrie y Chris se miraron y asintieron. Creían en la oración y, aunque no conocían bien a Peter y a Toni, los conocían lo suficiente como para dejarlos pasar.

Así que Mitchell fue llamado a la sala, y Peter y Toni se alistaron. Y lo que sucedió no se pareció a nada que Carrie y Chris hubieran experimentado antes.

Peter sacó incienso de su bolso, lo encendió y, mientras

hacía pendular una bola de latón con una cadena sobre la cabeza de Mitchell, él y Toni comenzaron a rezar con fervor. Primero lo hicieron en su idioma y luego en otras lenguas, algo sobre lo que Carrie y Chris habían leído, aunque nunca lo habían experimentado.

Después de quince minutos, Peter preguntó si había otros niños en la casa, y los hermanos de Mitchell, Jared y Matt, fueron llamados también. La pareja procedió a rezar sobre cada uno de ellos y luego sobre la familia completa.

Al terminar, Peter guardó todo en su bolso, les guiñó un ojo a Carrie y a Chris y les dijo que todo estaba bien.

Al percibir el escepticismo de los padres, Toni les sonrió con calidez.

—No se preocupen. Pronto verán que él habrá sanado —aseguró.

Luego salieron, montaron su Harley y se alejaron.

Esa noche, Carrie y Chris se quedaron despiertos, conversando al menos hasta las 2:00 a. m.

«¿Qué fue lo que pasó en nuestra casa?», se preguntaban.

A la mañana siguiente, ambos se levantaron y fueron a sus grupos de apoyo: ni Peter ni Toni estaban allí. Pero no era inusual que alguien faltara a una reunión.

La pareja *hippie* tampoco se presentó a la semana siguiente.

Una o dos semanas después de la visita, Mitchell tuvo que hacerse otra resonancia. Había pasado un año y medio desde el descubrimiento del tumor, y las resonancias magnéticas se habían convertido en rutina.

—Lo cierto es que lo único que sanará a su hijo, la única persona capaz de hacerlo es Dios —les dijo el médico en esa ocasión.

—Qué curioso que diga eso. Unas personas fueron a nuestra casa a rezar por él y nos dijeron que no necesitaría la cirugía.

—En verdad creemos que Mitchell superará esto con oraciones y la ayuda de Dios —coincidió Chris.

Durante los meses siguientes, sucedió justo eso: ¡Mitchell estaba mejorando! Era increíble.

Comenzó a salir, a correr y a jugar con sus amigos, algo que no había podido hacer en más de un año.

Luego, su visión comenzó a corregirse, tanto que pudo volver a ver televisión y regresar a la escuela.

En consecuencia, Carrie y Chris tenían cada vez más esperanzas.

Dos días después de una nueva resonancia magnética, recibieron una llamada del hospital: el médico necesitaba verlos.

Presas del pánico, esperaron frente al consultorio y, cuando el médico apareció, notaron que estaba al borde de las lágrimas. Entonces, Chris tomó la mano de Carrie, preparado para recibir malas noticias.

—No sé qué ha pasado —dijo el médico con incredulidad—. Pero no hay tumor en el cerebro de Mitchell. Desapareció por completo.

Carrie y Chris comenzaron a llorar, después a reír y a

llorar al mismo tiempo. No entendían qué estaba pasando ni lo que sentían.

—Quiero repetir la resonancia, solo para estar seguros.

Cuando tuvieron el nuevo resultado, ¡no presentaba anomalías!

—Comenzaré a retirarle la medicación. Por la gracia de Dios, ¡el tumor de Mitchell desapareció!

Los padres no podían dejar de rezar y de agradecerle a Dios.

Y, veinte años después, aún no pueden dejar de hacerlo. ¡Mitchell se salvó del tumor!

Nadie volvió a ver a Peter y a Toni. Nunca volvieron a la iglesia de los Hinely ni a sus grupos de apoyo.

—Fueron ángeles. No parecían personas espirituales, al menos no en la forma que la mayoría imagina. Pero fueron ángeles —afirma Carrie.

Ya adulto, Mitchell se encuentra saludable y está libre de tumores. Él y su familia han compartido su historia miles de veces con personas que enfrentan situaciones que parecen irreparables, lo que siempre refuerza su fe.

Si Mitchell no se hubiera golpeado la cabeza en el parque de *skate*, el tumor hubiera crecido sin que lo detectaran.

Pero *fue* detectado.

Y Mitchell sanó.

Carrie y su familia siempre sonríen al recordar la bendición de aquel día extraordinario en el que recibieron la visita angelical de Peter y Toni.

El guiño de Peter al decir «Todo está bien», seguido por el «Pronto verán que él habrá sanado» de Toni, fue un Guiño de Dios desde el cielo.

Reflexión

Cuando Carrie y Chris escucharon que el golpe de su hijo había revelado un tumor cerebral, quedaron conmocionados.

Durante los meses siguientes, en los que pasaron un período aterrador de incertidumbre, su fe se vio puesta a prueba múltiples veces. Debían soportar una carga terrible para cualquier familia.

Sin embargo, en retrospectiva, saben que si Mitchell no se hubiera caído y golpeado la cabeza, los médicos no hubieran encontrado el tumor a tiempo.

Con Dios, nada es casualidad. Ni siquiera lo que está oculto o fuera de los planes.

Muchas veces, su obra se evidencia más tarde, tal como dice en el Antiguo Testamento.

> «Ahora bien, sabemos que Dios dispone todas las cosas para el bien de quienes lo aman, los que han sido llamados de acuerdo con su propósito».
>
> —Romanos 8:28 (NVI)

Este versículo nos recuerda que Dios es bueno, y que usa aun los peores momentos para alcanzar «el bien de quienes lo aman».

Y el recordatorio también nos brinda el consuelo de saber

que si volcamos nuestros corazones a la oración, como lo hicieron Carrie y Chris, Dios nos escuchará.

A veces, Él envía ángeles invisibles para ayudarnos. Pero, en ocasiones, aparecen personas semejantes a criaturas celestiales, que nos traen guiños divinos y milagros.

«El Señor mandará sus ángeles a ti,
para que te cuiden en todos tus caminos».

—Salmos 91:11 (RVC)

8C

Brittany II — El ángel de Acción de Gracias de la abuela

Estudiar para ser astrofísica es difícil.

Estudiar para ser astrofísica después de los treinta, con una familia y un trabajo de tiempo completo, es mil veces peor.

Brittany Alford lo sabía porque lo estaba haciendo, y muy bien. Se tomó un momento para levantar la vista de su libro de física cuántica.

Para ella, estudiar ciencias no hacía más que reforzar su fe en Dios. ¿Cómo podría alguien mirar las imágenes del universo del telescopio espacial James Webb y no ver al Señor?

El sujetalibros con forma de ángeles en la biblioteca llamaron su atención. Se trataba de dos niños parados sobre la palma abierta de Dios, un varón de un lado y una niña del otro. Brittany los atesoraba porque habían pertenecido a su abuela Linda, a quien amaba y extrañaba muchísimo.

La abuela Linda llevó una vida de fe inquebrantable. Amaba a los ángeles y todo lo que tuviera que ver con ellos, como canciones, libros, películas o tazas. Eso hacía que fuera la persona más fácil de agasajar con un regalo de toda la familia.

Cuando era pequeña, Brittany siempre se preguntaba por qué su abuela amaba tanto a los ángeles, así que, un día, se lo preguntó. A lo que Linda respondió con seguridad, pero sin más detalles: «Porque vi a uno. Era una mujer y salvó nuestras vidas».

Más adelante, durante las vacaciones de verano en las que Brittany y su prima Ashley rondaban los doce años, las niñas organizaron una pijamada en casa de la abuela Linda; estaban muy emocionadas, pues les encantaba pasar tiempo con ella. Además, también ayudaba que Linda preparaba las mejores galletas del mundo. Su casa en Canton, Georgia, siempre inspiraba una sensación de paz y felicidad, sin duda potenciada por la decoración angelical.

Esa noche, mientras las dos niñas ayudaban a su abuela a preparar la cena, Brittany volvió a sentir curiosidad por la atracción de Linda hacia los ángeles, así que le preguntó al respecto otra vez.

La abuela Linda miró a sus nietas, preguntándose si tendrían edad suficiente para comprender lo que le había ocurrido décadas atrás, un Día de Acción de Gracias fatídico. Concluyó que sí, así que dejó de pelar las papas y les dijo que hicieran lo mismo. Luego, se secó las manos en un paño de cocina que, como no podía ser de otra manera, tenía un ángel bordado.

Les dijo a las niñas que bajaran tres vasos del aparador, mientras ella buscaba hielo y una jarra de limonada fresca en el refrigerador.

—Vamos a la sala a relajarnos un momento y se los contaré —dijo después de servir tres vasos de limonada.

—¡Sí, señora!

Las niñas se sentaron en el sofá frente a la silla de su abuela. Nunca la habían visto así de seria, por lo que sabían que estaba a punto de decirles algo importante. Se sentaron al borde del sofá, y un escalofrío de emoción recorrió la espalda de Brittany.

Entonces, la abuela Linda comenzó a hablar de aquel día memorable hacía cincuenta años como si hubiera sido el día anterior.

Les contó que la cabaña en la que vivían en aquel entonces estaba cerca de la carretera, en una zona remota de Alabama. El área era plana, así que podían ver a kilómetros en todas las direcciones. No conocían a nadie ni tenían vecinos a la vista; solo contaban con el extenso camino de tierra y campos a ambos lados.

Su padre, Jack, había trasladado a la familia desde Georgia porque le habían ofrecido trabajo en el pueblo. Linda, la mayor de tres hermanos, tenía ocho años, Stanley tenía cuatro y su hermana Brenda era una bebé.

La vida era difícil, ya que su padre era alcohólico y violento; cuando bebía de más, lo que sucedía con frecuencia, golpeaba a su madre, Anna Belle. En ese contexto, Linda hacía lo posible por ayudar a su madre cuidando de sus hermanos menores.

Llevaban pocos días en su nuevo hogar en Alabama cuando Jack tuvo otra borrachera. En su estado de ebriedad, amenazó con llevarse el carro y abandonarlos en la cabaña, en una zona desconocida y sin medios para valerse por sí mismos; sin comida, calefacción, dinero… Ni siquiera tenían un teléfono para pedir ayuda.

A pesar de que la vida era difícil en su presencia, que se ausentara en ese momento de vulnerabilidad hubiera sido peor. Su madre en verdad no sabía cómo podrían sobrevivir sin él, así que le suplicó que se quedara. Pero se marchó. Salió, se llevó el carro y nunca volvieron a verlo.

Al día siguiente era Acción de Gracias.

La temperatura se acercaba a cero grados, y la familia tenía frío y hambre. Parecían tener poco por lo que estar agradecidos, pero se tenían unos a otros.

Stanley comenzó a llorar porque estaba hambriento. Anna Belle se sentía impotente, así que corrió a la otra habitación para que los niños no la vieran llorar, pero Linda la escuchaba a través de la puerta. Amaba mucho a su madre y quería que se sintiera amada y a salvo.

En ese momento, Linda tuvo una idea, y supo lo que tenía que hacer. Reunió a sus hermanos, los tomó de las manos (Stanley de un lado y Brenda del otro) e inclinó la cabeza.

—Dios, nuestra mami necesita tu ayuda. Por favor, Dios, bendice a nuestra familia, a mamá, a Stanley, a Brenda y a mí. ¡Es el Día de Acción de Gracias y tenemos *mucha* hambre!

No había pasado ni un minuto cuando alguien llamó a la puerta.

—¿Quién será? —preguntó Linda como si fuera una adulta.

Cuando abrió la puerta, se encontró con una mujer dulce

y de aspecto amable. Irradiaba un espíritu tranquilo y reconfortante que hizo que Linda se sintiera bien en su presencia.

—¿Linda? —preguntó con voz amable.

—Sí, señora.

—Tengo la cena de Acción de Gracias para ti, cielo.

Junto a ella había cajas de comida y de abarrotes.

—Santo Dios —jadeó Anna Belle, que se había acercado a la puerta.

—¡Mira, mami! —exclamó la niña mientras daba brincos. De repente, notó que sus dos hermanos pequeños estaban allí también, saltando y gritando con ella.

—Déjeme ayudar —dijo Anna Belle antes de levantar una caja. Linda tomó otra y las llevaron adentro—. Qué amable de su parte —agregó Anna Belle al voltear hacia la entrada, pero no había nadie allí—. ¡Espere! ¡Debemos darle las gracias...! —exclamó, y corrió hacia la puerta abierta con Linda detrás.

Pero no había nadie en el umbral, en el jardín ni en el camino. No vieron ningún vehículo alejándose por el camino de tierra.

La dama amable había desaparecido. Linda y su madre salieron, y recorrieron con la vista los kilómetros de tierra que las rodeaba.

No había ninguna mujer dulce a la vista. Anna Belle y sus tres hijos estaban solos.

Pero no estaban solos en realidad: Dios los estaba cuidando, y los había bendecido con un ángel de Acción de Gracias especial.

Linda miró a su madre con una enorme sonrisa de felicidad.

—Mami, esa mujer tan linda llamó a nuestra puerta justo después de que rezamos —dijo. Luego, abrazó a su madre por la cintura y permitió que sus lágrimas infantiles corrieran.

¡Había mucha comida!

Con ayuda de los niños, Anna Belle puso la mesa y compartieron la cena de Acción de Gracias más lujosa y maravillosa: pavo, salsa, puré de papas, ejotes, salsa de arándanos y, por supuesto, pastel de calabaza.

Pero antes de comenzar a comer, se posicionaron como en una pintura de Norman Rockwell, todos con las cabezas inclinadas en oración, agradeciéndole a Dios por su gracia.

La abuela Linda miró a Brittany y a Ashley, que estaban boquiabiertas, y sonrió.

En su corazón, estaba satisfecha de por fin haber compartido el secreto de aquella bendición y de saber que Brittany y Ashley podrían guardarlo para compartirlo más adelante con futuros miembros de la familia.

—¿Y qué pasó después? —preguntó Linda de forma retórica, y las niñas asintieron emocionadas. Querían saberlo—. Esa comida duró hasta que un pariente llegó a la semana siguiente para llevarnos de vuelta a Georgia. Nuestro ángel de Acción de Gracias nos salvó y alimentó.

—Guau —respondió Brittany.

—¿Estás segura de que no fue una vecina muy amable o algo parecido? —preguntó Ashley.

—No. No conocíamos a nadie, y una vecina no podría haber desaparecido como si nada. —Linda apretó los labios y sonrió como si estuviera viendo una imagen en su mente—. No. Era un ángel, enviado como respuesta a mis plegarias. Supo dónde vivíamos y qué necesitábamos. Incluso sabía mi nombre.

La abuela hizo una pausa para secarse los ojos.

—Estoy tan segura de que era un ángel como de que tengo a las mejores nietas del mundo.

Las dos niñas corrieron hacia ella y le dieron un enorme abrazo.

Reflexión

Cuando la vida es difícil, te encuentras en un pozo profundo, temes por tu seguridad y la de tus seres queridos y has perdido la esperanza, Dios está contigo.

Sus ángeles te cuidan y velan por ti. Y como a esos querubines en los sujeta libros en la sala de Brittany, Él te sostiene en la palma de su mano. Incluso en una cabaña rural en un lugar desconocido, donde no hay nadie a la vista.

La pequeña Linda y su familia estaban lejos de casa, solos y asustados. No sabían dónde estaban, pero Dios sí.

Cuando ella, con su voz infantil, pidió su ayuda, Él la escuchó y ayudó a su familia. Luego los llevó de vuelta a Georgia, donde formaron una familia amorosa que se extendería por generaciones y compartiría el amor de Dios a cada paso.

A veces puede ser más fácil decirlo que hacerlo pero, aun en los peores momentos, no temas. ¡Pide ayuda! ¡Dios y sus ángeles siempre están contigo!

«Y se le apareció un ángel del cielo para fortalecerle».

—Lucas 22:43 (RVR1960)

8D

Mary Jo — Ángeles para una mamá exhausta

Era el día más feliz en la vida de Mary Jo Chambers: había llegado el momento de llevar a su bebé Melanie a casa.

La maravillaba ver a su pequeña luchadora, y solía pararse sobre la cuna para escucharla respirar y agradecerle a Dios por haber confiado en ella para ser madre de esa dulce niña.

Pero, a pesar de la dulzura natural de la niña, el inicio de su vida no fue fácil. Había nacido con las caderas dislocadas y los pies zambos, por lo que su pequeño cuerpo pasó por más de una docena de cirugías mayores antes de los siete meses. También tenía los movimientos restringidos con yesos, soportes y arneses, lo que le hacía casi imposible dormir.

Y eso implicaba que *Mary Jo* tampoco podía hacerlo.

Cuando las semanas sin dormir se convirtieron en meses, Mary Jo pensó que necesitaba un milagro. Estaba agotada, al punto de que a veces se quedaba dormida de pie.

Durante una noche típica se despertaba continuamente, cada vez que Melanie lloraba, y tenía que mecerla durante horas.

Su esposo no ayudaba mucho. No sabía cómo cuidar a una bebé y, además, tenía que estar descansado para poder ir a trabajar. Así que Mary Jo estaba sola.

Mary Jo sabía que no podía seguir así. Con lágrimas en los ojos, cayó de rodillas y le suplicó a Dios que la ayudara.

«Dios, es una bendición que me eligieras para ser madre de mi hermosa niña. Es un regalo y nunca olvidaré lo afortunada que soy. Pero estoy demasiado cansada… ». Hizo una pausa para poder continuar rezando a pesar de los sollozos. Las lágrimas corrían por sus mejillas. «Por favor, Dios, envíame a tus ángeles para que cuiden de mi bebé y que yo pueda dormir una noche. No sé cuánto más pueda resistir».

Cuando la bebé por fin se quedó tranquila por un momento, Mary Jo se secó las lágrimas, se levantó y caminó como un zombi hacia la cocina.

Abrió el refrigerador y comenzó con la rutina nocturna de preparar un biberón y tenerlo listo para la noche.

Bostezando y dando tumbos por el agotamiento, fue hacia la habitación y se desplomó en la cama junto a su esposo, que ya estaba profundamente dormido.

No recuerda haber apoyado la cabeza en la almohada. Perdió el conocimiento por completo. De hecho, fue la noche de mejor sueño ininterrumpido desde el nacimiento de su bebé.

A las 2:00 a. m., Melanie gimió levemente, y Mary Jo se

despertó sobresaltada. Al mirar el reloj, se sorprendió al ver que había dormido seis horas.

«Esto nunca sucede», pensó al levantarse de la cama.

Al acercarse a comprobar cómo estaba su niña, se quedó sin palabras por lo que vio: Melanie dormía plácidamente, con su mantita rosada y su conejo de felpa.

Y junto a Mary Jo estaba el biberón, el que había sacado antes del refrigerador… y estaba casi vacío.

«¿Qué?».

Se quedó mirando dormir a Melanie con el indicio de una sonrisa, como si estuviera teniendo el mejor sueño del mundo, y sintió que Dios había respondido a sus plegarias. Los ángeles la estaban cuidando, y Mary Jo podía volver a dormir.

Sentía una alegría inmensa, pero también incredulidad.

Cuando volvió a la cama, vio a su esposo desperezándose, así que le preguntó si él se había levantado y le había dado el biberón a Melanie.

Él la miró extrañado y negó con la cabeza. Entonces, Mary Jo le contó lo que había ocurrido.

—¿Estás segura de que no lo hiciste tú, medio dormida?

Ella negó con la cabeza. Su esposo se sorprendió tanto que saltó de la cama y encendió todas las luces.

—Si no fuimos ni tú ni yo, ¿quién le dio el biberón a Melanie?

Mary Jo no pudo evitar sonreír y se apresuró a explicarle a su esposo que no estaba riéndose de él, sino que sentía una gran paz y satisfacción. Dios estaba escuchándola.

Había rezado para que Él enviara a sus ángeles a cuidar

de su bebé para que ella pudiera dormir, y eso fue lo que Él hizo.

De hecho, Melanie *seguía* durmiendo, así que Mary Jo volvió a la cama, se arropó y durmió tres horas más.

Reflexión

Mary Jo tuvo una buena noche de descanso, igual que Melanie. Los ángeles debieron de tararear canciones de cuna y mecerla durante toda la noche.

Las mamás saben cómo equilibrar las responsabilidades de la vida, pero a veces no pueden administrar el sueño. Y la falta de descanso agota el cuerpo y puede ser perjudicial para la salud física y emocional.

Si te falta sueño, pon todas tus preocupaciones y tu ansiedad en manos de Dios. Él es la mayor fuente de consuelo y de fuerza.

Mary Jo rezó y Dios respondió. Envió a sus ángeles a cuidar de la pequeña Melanie y le permitió a Mary Jo descansar la mente y el cuerpo.

¡Él hará lo mismo por ti!

«Vengan a mí todos ustedes que están cansados y agobiados, yo les daré descanso».

—Mateo 11:28 (NVI)

9

¡Las abuelas son geniales!

9A

Susan — Los gemelos de *La rueda de la fortuna*

Susan Assenzo entró al restaurante Kitty en North Reading, Massachusetts, para el almuerzo semanal con una de sus mejores amigas, Jean.

Susan y Jean eran amigas desde la secundaria, cuando trabajaban juntas como cajeras en Star Market, una tienda en Stoneham, su ciudad natal. Ahora, ambas pasaban los sesenta años y ya eran abuelas.

Susan vio a Jean en la mesa y la saludó con la mano mientras se acercaba. Jean se levantó y le dio un abrazo rápido antes de volver a sentarse.

—¿Viste *La rueda de la fortuna* anoche?

—¡Sí! ¡No puedo creer que ese hombre respondiera mal una pregunta tan fácil!

Sus rostros demostraban la incredulidad de ambas.

—¡En verdad! Pero debe de ser muy difícil estar allí arriba, frente a la audiencia y con todas esas luces. Creo que yo no sería capaz de hacerlo.

Susan asintió con la cabeza y pensó en cómo *La rueda de*

la fortuna se había convertido en parte integral de su amistad con Jean, así como también de su entretenimiento familiar.

Cuando comenzó a salir con su esposo, Dennis, bromeaban con que era una coincidencia muy rara que los padres de ambos estuvieran obsesionados con un programa de televisión de juegos que se transmitía por la noche, *La rueda de la fortuna.*

¿Quién iba a decir que ella y Dennis crecerían y seguirían la tradición de sus progenitores? Ahora, no se perdían casi ningún episodio de su programa de juegos preferido.

Y a esa obsesión se sumó el amor infinito por los nietos.

Al haberse convertido en abuela, Susan comprendía lo profundo que era ese amor. Era capaz de mover cielo y tierra por sus «nietecitos», y ella y Dennis aprovechaban cada oportunidad para estar con ellos.

Unas semanas más tarde, mientras Susan y Dennis estaban mirando *La rueda de la fortuna*, recibieron una llamada de su hija Ashley. Susan detuvo el programa y puso la llamada en altavoz.

Ashley quería preguntarles si podían cuidar a Leo, su hijo de dos años, una tarde de esa semana. Sin mirar sus agendas, Susan y Dennis respondieron al unísono: «¡Por supuesto!».

Una semana después, estaban ansiosos por tener a su nieto solo para ellos. Fue un día divertido, pero Susan y Dennis aún no sabían lo mucho que iba a mejorar.

Ashley y su esposo, Greg, volvieron alrededor de las cinco.

En la cocina, los abuelos les contaron todas las actividades divertidas que habían hecho con Leo, casi sin detenerse a respirar. Cuando por fin tomaron aire, notaron que Ashley y Greg los miraban con una gran sonrisa.

—¡Lo siento! Ni siquiera les preguntamos cómo ha ido su día.

Ashley intercambió una sonrisita con Greg y le extendió un sobre a su madre.

—¿Qué es esto?

—Ábrelo.

Susan se giró para mirar a Dennis con desconcierto antes de abrir el sobre, que reveló la fotografía de un ultrasonido.

Los dos se quedaron boquiabiertos.

—¡¿ESTÁS EMBARAZADA?! —exclamaron al unísono.

—¡Echen otro vistazo! —respondió Ashley con emoción.

Susan y Dennis miraron el ultrasonido con más detenimiento. Era confuso, ya que mostraba dos imágenes.

—Se ve… doble… —señaló Dennis.

—Sí, ¡porque tendremos *gemelos*!

El pequeño Leo no entendía lo que estaba pasando. Sus padres y abuelos estaban saltando y celebrando como niños en un parque.

La cocina se llenó de gritos de emoción, lágrimas de alegría y abrazos.

A la semana siguiente, Susan llegó temprano para su almuerzo con Jean. Sentía que iba a explotar de la emoción. Ashley le había dado permiso de darle la noticia a su amiga, así que estaba pensando en cómo se la revelaría.

Jean vio a Susan justo cuando abrió la puerta y se acercó a ella. Susan se levantó para abrazarla, y su amiga detectó al instante la alegría que transmitía.

—Te ves feliz.

—¡Lo estoy! ¡Me muero de ganas por contarte esta noticia!

—¿De qué se trata? —Jean se inclinó hacia ella, sonriendo por la emoción de su amiga.

—¡Ashley está embarazada! ¡Espera gemelos idénticos para marzo!

Cuando la emoción inicial se calmó, Susan le contó que ella y Dennis estaban emocionados de saber que los bebés serían niñas.

—A fin de cuentas, ya tenemos tres nietos. Leo y los dos niños de nuestro hijo.

Ese año, todos esperaron ansiosamente a que llegara marzo. Susan y Dennis anticipaban con alegría su tarea de cuidar a Leo mientras Ashley y Greg estuvieran en el hospital para la cesárea programada.

Cerca de la hora de cenar, recibieron el mensaje por el que habían estado rezando: todo estaba bien; sus nietas gemelas, Emma y Sophia, ya habían nacido. Le agradecieron al cielo que su hija y sus nietas estuvieran sanas, y luego Dennis celebró marchando por la cocina con el pequeño Leo.

Susan pensó en los familiares y allegados que debían saber la buena noticia. En un instante de amargura, deseó poder llamar a sus padres y a los de Dennis para compartirles esa enorme alegría, pero luego sonrió al pensar: «Ya deben de haber recibido la noticia allí arriba, y seguro que están celebrando».

«Ah, tengo que contárselo a Jean», recordó después, y se apresuró a enviarle un mensaje:

«Las gemelas, Emma y Sophia, ya llegaron y están bien».

Jean respondió:

«¡Sííí! ¡Felicidades! Vayamos a almorzar pronto. Y envíame fotografías».

Antes de que Susan respondiera, recibió otro mensaje de Jean.

«¿Podías imaginar esa respuesta a la pregunta extra de La rueda de la fortuna de hoy?»
Susan estaba desconcertada. «¿Por qué me está preguntando por el programa de esta noche cuando estamos celebrando el nacimiento de nuestras hermosas nietas?».
Respondió, intentando no demostrar su molestia.
«No, hoy no pudimos verlo. Estamos con el corazón y la mente ocupados por las gemelas. ¡Y las manos llenas con Leo!». Dejó el teléfono después de responder, pero volvió a sonar.
«¡Ah! ¡Te perdiste el guiño divino! La respuesta a la pregunta extra de esta noche, justo cuando nacieron las gemelas, fue: "GEMELOS IDÉNTICOS"».

Susan miró el mensaje, maravillada. Creía que el día no podía ser más feliz, pero acababa de recibir una confirmación de que Dios estaba presente en ese momento hermoso. ¡Y con un guiño divino increíble!

Recibió otro mensaje: una fotografía que Jean le había tomado a la pantalla, donde la respuesta GEMELOS IDÉNTICOS estaba escrita en un tablero gigante.

Y debajo del televisor de Jean, visible debajo de la imagen de la pantalla, había un letrero que decía: CREE.

¡Vaya! ¡Tanta emoción podía agobiar a una abuela enloquecida con sus nietos y *La rueda de la fortuna*!

Reflexión

Los abuelos son seres hermosos y llenos de amor.

Lo que necesites, ellos te lo darán. Y en abundancia.

¿Necesitas tiempo? Ellos harán espacio en sus agendas por ti.

¿Un consejo? ¡Tú lo pediste!

¿Amor incondicional y eterno? Por supuesto. Incluso más del que puedas imaginar. Para siempre.

Cuidar a nuestros nietecitos, orar por ellos y guiarlos es una dicha que no tiene fin.

Puede que no lo veamos con nuestros propios ojos, pero podemos sentir el amor que nos dan a cambio.

«Este es el niño que yo pedí al Señor,
y Él me lo concedió».

—1 **Samuel 1:27 (NVI)**

9B

Kirsten — La carta perdida de la abuela

«Debe de estar decepcionada de mí. La abuela me confió esa carta y la perdí», pensó Kirsten, llena de culpa y pánico.

Era demasiado para ella.

Kirsten Telan era una mujer encantadora, con un entusiasmo contagioso y que solía mantener la calma en una crisis. Por medio de la oración y del sentido común, siempre se sentía agradecida y veía el lado positivo en todas las situaciones. Pero el optimismo le falló ese día.

Había buscado en todas partes, pero no había encontrado la carta de su querida abuela. Era como si hubiera desaparecido por arte de magia.

Unos años antes, cuando Kirsten dio a luz a su primer hijo, Kyle, su abuela le dio un sobre sellado y le dijo que se lo diera a Kyle cuando cumpliera dieciséis años. Y, aunque en ese momento pareciera faltar una eternidad, Kirsten estaba decidida a cumplir el deseo de su abuela.

—Es propio de la nana, un gesto muy considerado y amoroso —le dijo a su esposo, Pat.

Kirsten creció siendo muy cercana a sus abuelos, su nonna y su nonno, pero en especial a su nonna. Si las abuelas son «una porción del cielo» en la vida de los niños, la de Kirsten era el pastel entero para ella.

Nonna, una inmigrante italiana que entró a los Estados Unidos por Ellis Island cuando tenía apenas siete años, había aprendido a hablar y escribir el inglés por sí sola. Era la heroína de Kirsten, siempre estaba disponible para ella con su amor incondicional, un brillo en los ojos y las mejores cenas de domingo del mundo entero.

«Empezaba con una fuente de pastas como entrada», recuerda Kirsten con cariño. Su abuela la llamaba «macarrones con salsa», que hoy sería *penne* con marinara. Luego continuaba con un *roast beef* cocido a la perfección, con brócoli y el puré de papas más cremoso posible.

La cena era deliciosa, pero lo mejor era que sabía a hogar.

Por estas razones, Kirsten le daba mucha importancia al pedido de su abuela. Había rentado una caja de seguridad en un banco para guardar la carta hasta que llegara el momento.

Después de un tiempo, quiso dejar de pagar la tasa anual del banco y decidió renunciar a la caja de seguridad y trasladar la carta a un cajón designado para ella en el escritorio.

Varios años y otro hijo más tarde, Kirsten y Pat decidieron mudarse a una casa más grande, para lo que contrataron a una empresa que los ayudaría a empacar y a trasladarse.

En medio de la confusión y del movimiento de gente, Kirsten olvidó la carta de su abuela para Kyle. Hasta que el cumpleaños número dieciséis de su primer hijo comenzó a acercarse.

«¿Dónde está la carta de la nana?», se preguntó al no encontrarla en el escritorio.

La buscó por toda la casa. Arriba, abajo y en cada habitación. Dentro de cajones, sobres, álbumes de fotografías... Pero no aparecía.

Revisó la casa una y otra vez, pero no encontró señales de la carta de su abuela.

«¿Dónde está?», se preguntaba inquieta. «Tiene que estar en algún lado».

Kirsten no solía perder cosas. Así que rezó y siguió buscando. Rezó y buscó un poco más. Pero la carta seguía perdida, y ella se sentía terrible.

—No seas tan dura contigo misma. Tu nonna se sentiría muy triste si supiera que estás tan alterada a causa de su carta —le dijo Pat en una noche de insomnio.

Eso tenía sentido. Su abuela en verdad hubiera estado triste al saber que estaba tan preocupada. Así que dejó de hacerlo, de estar obsesionada por la carta y de buscarla, aunque nunca la olvidó por completo.

Los años siguieron su curso; los hijos de Kirsten terminaron la escuela y se fueron a la universidad.

Un día, de repente, una mosca visitó la casa. Es poco decir que Kirsten odiaba a los insectos, algo que tenía en común con su abuela. Debió de ser en casa de ella donde sintió aversión por los insectos por primera vez. Cuando era niña, se entretenía al ver cómo su abuela gritaba y perseguía a las moscas que se atrevían entrar en su casa.

Entonces, cuando una mosca comenzó a volar por la cocina, pareció desatarse la Tercera Guerra Mundial. Kirsten lanzaba manotazos al aire, pero no lograba atraparla.

Tenía cosas que hacer, así que miró el reloj para comprobar la hora. Como se le hacía tarde, detuvo la guerra contra la mosca y fue a la habitación en busca de sus zapatos.

Pero cuando llegó a la habitación al fondo de la casa, se encontró con otra mosca.

—¡No puedo creer que haya dos moscas en mi casa! —exclamó.

Estaba decidida: no descansaría hasta deshacerse de ellas. Los quehaceres podían esperar para otro día.

Buscó un taburete en el garaje, lo llevó hasta la habitación y lo acercó al armario, donde notó que ya eran tres las moscas que acechaban desde una ventana cercana al estante superior. Subió al taburete con el matamoscas en mano y, cuando levantó el arma, golpeó un álbum de fotografías viejo con la muñeca.

Las fotografías cayeron al suelo una por una.

Consternada, Kirsten observó la colección de imágenes viejas desparramadas por el suelo y comenzó a reírse de sí misma. Luego bajó en medio del caos y, de repente, un sobre de manila rezagado cayó flotando sobre su cabeza.

«¿Qué ray… ?», soltó.

Cuando abrió el sobre, se quedó boquiabierta: dentro de un sobre pequeño, encontró la carta perdida de su abuela para Kyle.

Ante la sorpresa, se quedó sentada, llorando de felicidad y riendo de alegría con el rostro cubierto de lágrimas, levantó la vista y dijo: «Sabía que eras tú, Dios. ¡Gracias!».

Cuando Pat llegó del trabajo y Kirsten le contó lo sucedido, casi no podía creerlo.

—¡Quién iba a decir que Dios usaría un enjambre de moscas para guiarme a la carta de Kyle!

—Es un Guiño de Dios —coincidieron.

Así fue como, a los veintidós años, Kyle recibió la carta de su bisabuela, aunque seis años más tarde de lo esperado.

En ella había escrito:

> Mi queridísimo Kyle:
>
> No sabes la alegría que sentimos cuando llegaste a este mundo hace unos días. Ha sido maravilloso para tu nonno y para mí tenerte en brazos. Desearíamos poder estar contigo ahora para verte convertido en un hombrecito.

Luego relataba que había iniciado un fondo de dos mil dólares a nombre de Kyle, y que sería de él cuando cumpliera dieciocho.

Queremos que siempre recuerdes al nonno y a la nonna, que te amaban muchísimo.

A pesar de las noches que Kirsten pasó sin dormir por haber perdido esa carta, no podría haberla encontrado en un mejor momento.

Kyle estaba estudiando en la Universidad de Florida, y el regalo generoso de sus bisabuelos llegó en el momento perfecto para ayudar a pagar su matrícula.

«Dios se llevó toda mi ansiedad y la reemplazó con amor, alegría y paz mental. ¡Yo creo que fue un guiño divino!», dijo Kirsten.

Reflexión

«Pues todo lo que está escondido
tarde o temprano se descubrirá
y todo secreto saldrá a la luz».

—Marcos 4:22 (NTV)

¿Alguna vez has sentido ansiedad por haber perdido algo, has rezado y lo has encontrado poco después?

Cuando encuentras algo perdido, se suceden diversas emociones: el miedo se convierte en alivio, y luego en alegría.

Las Escrituras nos dicen que Dios se interesa por todo lo que nos preocupa. Cuando estás preocupado por un objeto perdido, quiere que pidas su guía. A fin de cuentas, Él es el mejor dispositivo de rastreo del mundo.

A veces, Dios te ayudará a encontrar algo enseguida; otras, como en el caso de la carta de Kyle, esperará al momento perfecto. De ese modo, el regalo resultó ser más especial y preciado.

«Ahora bien, sabemos que Dios dispone todas las cosas para el bien de quienes lo aman, los que han sido llamados de acuerdo con su propósito».

—**Romanos 8:28 (NVI)**

9C

Katie — La alianza de la abuela Mimi

Katie nunca pensó que un viaje en carro podría impactar tanto a su familia, pero nadie sabía lo que les esperaba mientras avanzaban por la carretera.

Ella y su esposo se habían unido a su suegro, ya viudo, y a su nueva amiga, Joyce, en un viaje a Myrtle Beach, Carolina del Sur. Era la primera vez que Katie veía a Joyce, pero sabía que la relación que tenía con su suegro era especial, pues podía notarlo en la manera en que él la miraba.

Ella se conducía con confianza, tenía una sonrisa cautivadora y usaba las joyas más hermosas que Katie hubiera visto. Le gustaban especialmente sus anillos.

A Katie siempre le habían encantado los anillos. Le recordaban a su abuela, a quien los nietos llamaban «Mimi». Muchos de los anillos de Mimi habían sido regalos de su esposo, al que todos llamaban «Abu». Pero ninguno era tan valioso como el que Abu le había dado a Mimi el día de su boda.

Katie recordaba que esa alianza se veía majestuosa en la mano de su abuela. Hasta que, trágicamente, justo después de la muerte de Abu (que dejó a la abuela de Katie sola por primera vez en treinta y ocho años), ese hermoso anillo se perdió sin explicación.

El momento era lo que lo hacía más trágico, ya que, simbólicamente, parecía como si el dolor de Mimi se hubiera duplicado.

Toda la familia colaboró para buscar el anillo. Revisaron cada rincón de la casa de Mimi y la interrogaron sobre lo que había hecho ese día y a dónde había ido.

Mimi había hecho unos recados, pasado por varias tiendas y asistido al partido de fútbol de su nieto. Al regresar a casa, había notado que el anillo ya no estaba.

Entonces, Mimi les había pedido a todos que oraran para que Dios la ayudara a encontrar el anillo. La familia formó equipos de búsqueda e incluso utilizó un detector de metales en cada rincón del campo de fútbol, pero todo fue en vano.

Se había perdido.

—Me encantan tus anillos —le dijo Katie a Joyce.

—¡Muchas gracias! Cada uno tiene una historia —respondió la mujer con una sonrisa. A Katie le gustó esa idea. Luego, Joyce se quitó uno de los anillos de la mano—. Por ejemplo, este me lo encontré en el trabajo.

Y comenzó a explicar que lo había encontrado tirado en el suelo de la farmacia. Se lo había llevado a su gerente y habían hecho un gran esfuerzo por encontrar a su dueño.

—¡Buscamos durante dos años! —enfatizó—. Mi gerente puso un letrero detrás de la caja; solo tenía que venir alguien y describirlo —dijo, y suspiró—: Al final, mi gerente me dio el anillo y me dijo: «Quédatelo. Sé que algún día tendrás un propósito para este anillo».

Joyce le pasó el anillo a Katie. Era hermoso y muy brillante.

—¿Y lo encontraste tirado en el suelo?

—Justo frente al mostrador de la farmacia.

«Vaya, qué historia tan increíble», pensó Katie. Mientras lo giraba en su mano, quedó hipnotizada por el brillo, y casi pasó por alto el pequeño grabado en el interior de la banda. Una fecha que le resultaba familiar.

Hasta que lo comprendió. Jadeó y tomó la mano de su esposo.

—¡Dios mío! ¡Este es el anillo de Mimi! —gritó con emoción.

La fecha era la del matrimonio de Mimi y Abu.

Eufórica, empezó a explicar la parte de la historia del anillo que Joyce no conocía: que su abuela lo había perdido justo después de que su abuelo muriera.

La familia lo había buscado por todas partes.

Cuando Katie describió a Mimi, el rostro de Joyce se iluminó aún más.

—¡La recuerdo! Atendí a tu abuela varias veces cuando venía a la farmacia. —dijo. Luego continuó, como si pensara en voz alta—: Me pregunto por qué nunca fue a preguntar si lo había perdido allí. ¡Quédatelo, por favor!

Joyce insistió en que Katie se llevara el anillo y se lo devolviera a Mimi.

Durante el resto del viaje, se maravillaron de cómo Dios había escrito un capítulo nuevo y hermoso en la historia de ese anillo; un viaje de dos años hasta encontrar el camino de regreso a casa, cuando Katie y Joyce se alinearon por obra divina.

Para hacer la alineación aún más perfecta, el aniversario de la boda de Mimi era en apenas dos semanas. Era como si Dios hubiera elegido el regalo ideal para que Katie se lo diera.

Durante una reunión familiar que prometía ser inolvidable, Katie le entregó una caja pequeña a su abuela.

—¿Qué es esto? —preguntó Mimi.

—Ábrelo —respondió Katie.

Los ojos de Mimi se llenaron de lágrimas de inmediato cuando abrió la caja. ¡No podía creerlo! El anillo que había perdido por fin había aparecido.

No quedaba nadie con los ojos secos en la habitación.

Dios le había dado algo especial a Mimi: no solo una alianza, sino un guiño divino que la conectó con el amor de su vida.

Epílogo

Sue Wynkoop, hija de Mimi, dice que su madre disfrutó de la alianza durante algunos años más antes de morir: «Siempre dijimos que la enterraríamos con ese anillo, pero no lo hicimos, porque se lo quitó».

Durante su última conversación, Sue le preguntó a Mimi

si quería usar el anillo, a lo que su madre respondió que no, que quería que pasara a la siguiente generación. Así que eso es lo que han hecho, usarlo y pasarlo de madres a hijas.

«Todas las hijas y nietas están emocionadas. Mi hermana lo usó para la boda de su hija, y yo lo usaré para la de mi hijo», dice Sue.

Sue adora los Guiños de Dios que ha tenido su familia gracias a esa alianza que los ha mantenido conectados con Mimi y Abu, así que quiso contarnos uno más.

«Cuando SQuire me contactó a través de la funeraria que se encargó del funeral de mi madre, ellos me preguntaron si lo conocía y si debían darle mi número. Dije que sí y sonreí, porque lo que nadie sabía era que la llamada llegó el día en el que mi madre cumpliría noventa años. ¡Otro Guiño de Dios!».

Reflexión

Solemos decir que un guiño divino es una conexión tangible con un Dios invisible, y en esta historia casi podemos sentir la mano de Dios tocándonos de una forma única e inesperada.

Cuando este Guiño de Dios se reveló frente a Katie y Joyce, les recordó que nuestro Padre Celestial se interesa por todos los detalles de nuestras vidas.

Solo podemos imaginar la alegría que el guiño divino representó para Mimi, una confirmación reconfortante de que Dios encuentra todas las cosas perdidas.

Él hará lo imposible para recuperar todo, desde un anillo hasta un alma perdida.

> «El Señor tu Dios restaurará tu fortuna
> y se compadecerá de ti. ¡Volverá a reunirte de
> todas las naciones por donde te haya dispersado».
>
> —Deuteronomio 30:3 (NVI)

9D

Abuela Vicki — El Guiño de Dios más oportuno

Vicki Chapman ama dos cosas: a su familia y al equipo de fútbol americano de la Universidad de Texas. Ansiaba ver ambas cosas un sábado de septiembre.

En casa de su hijo y de su nuera se vivía el caos habitual de gritos y vitoreo frente al televisor, acompañados de comida deliciosa pero poco saludable y de los correteos incesantes de su muy enérgico nieto, Jake.

—Abuela, ¿puedes leer la reseña que tengo que entregar el lunes? —preguntó Jake.

—Claro, lo haré con gusto.

Leyó la reseña y, sinceramente, le pareció muy buena para un niño de nueve años. Se trataba de *Shoot for the Hoop*, un libro sobre baloncesto, y Vicki comprendía por qué Jake lo había escogido: amaba todo lo que tuviera que ver con deportes.

El libro contaba la historia de un niño, jugador de baloncesto y amante del deporte, que, luego de ser diagnosticado con una enfermedad grave, les pidió a sus médicos, a sus padres y a su entrenador que encontraran la forma para que pudiera seguir jugando. Al volver a competir, marcó el punto con el que su equipo ganó un partido crucial.

Vicki corrigió algunos errores de ortografía, añadió algunas comas y le dijo a Jake que había hecho un muy buen trabajo.

Pero Vicki estaba preocupada por su nieto porque estaba demasiado delgado, así que se lo comentó a su nuera Amy mientras miraban el juego, y ella le contó que lo llevaría al médico el lunes.

Amy notaba los nervios de Jake en el consultorio médico.

—Mamá, no entiendo por qué estoy aquí —decía.

Su madre le aseguró que solo lo examinarían para asegurarse de que todo estuviera bien, pero la expresión de la médica no decía lo mismo.

—Debo decirles que Jake tiene diabetes tipo 1 —les informó con delicadeza.

Amy intentó mantener la compostura por el bien de su hijo, pero se echó a llorar, aunque Jake, de pronto, estaba muy tranquilo y tenía muchas preguntas. Ni siquiera parecía alterado por la idea de tener que pincharse el dedo para medirse el azúcar en sangre.

—¿Cómo sabes tanto sobre la diabetes, Jake? —le preguntó la médica.

Amy recordó la reseña del libro que su hijo había entregado esa mañana. Recordaba que se trataba de un niño enfermo. Pero no recordaba si tenía diabetes.

Unas noches antes, su esposo le había insistido en que pidiera esa cita médica porque Jake siempre estaba sediento. Y Vicki también había expresado preocupación por el niño.

Jake fue ingresado al hospital de inmediato. El objetivo principal de Amy era que supiera que podía hacer todo lo que quisiera y que la diabetes no lo definía.

«Todos tenemos algo, esto resultó ser lo tuyo», le dijo.

En ese momento, todos hablaban de que había sido un guiño divino que, el mismo día que Jake recibió el diagnóstico de diabetes tipo 1 (conocida también como «diabetes juvenil»), había entregado la reseña de un libro sobre el mismo tema.

Vicki informa que Jake ya tiene veintiséis años y se encuentra saludable. Además, se casó con una jovencita encantadora que trabaja en el campo de la Medicina.

Así es como se presentan los Guiños de Dios. Son pequeñas motivaciones que trabajan en conjunto con otros guiños divinos para generar señales de esperanza.

Reflexión

Dios sabía antes que nadie que Jake tenía diabetes.

Sus tiempos siempre son perfectos.

Después de haber leído un libro sobre un deportista que enfrentaba el mismo desafío que él, Jake estaba preparado para afrontar el futuro con confianza. Dios estaba un paso por delante de él.

Eso también se aplica a ti.

Sin importar las dificultades o las dudas que enfrentes, confía en Dios; Él siempre trabaja a tu favor.

«Su Padre sabe lo que necesitan antes de que lo pidan».

—**Mateo 6:8 (NBLA)**

10

«Mamás oso»

10A

Eileen — Soy una «mamá oso»

Eileen estaba felizmente casada con Jim, quien era un padre maravilloso para sus dos hijos y trabajaba en la industria de autopartes. También era servidor público en su comunidad de Pensilvania y voluntario como socorrista en su tiempo libre.

Eileen supo que el sindicato de Jim estaba realizando una votación entre sus miembros para enviar a algunos representantes a una conferencia en Las Vegas.

—¿Por qué no te postulas? —le sugirió.

La respuesta automática de Jim fue decir que no estaba calificado, pero cuando Eileen lo animó con calma a que lo considerara, lo convenció.

—Bueno, ¿por qué no intentarlo?

Al final, cuando Jim recibió el anuncio de que había ganado y de que él y su esposa irían a Las Vegas, los dos saltaron de alegría y pensaron que sería el festejo perfecto de sus veinticinco años de matrimonio.

Eileen le contó la noticia a Kristin, su hija de veintidós años, quien había comenzado un nuevo trabajo para el equipo de baloncesto profesional de Orlando Magic en Florida. La mención del viaje llevó a Kristin a mencionar que había acumulado una enorme cantidad de millas de viajero frecuente.

—Es fantástico, cariño. ¿Por qué no vienes con nosotros a Las Vegas?

—No podría, ¡es su aniversario!

—No lo pienses demasiado. Necesitas un descanso y sería divertido tenerte con nosotros.

Unas semanas después, los tres emprendieron su viaje a Las Vegas, que comenzó con una excursión a la presa Hoover. Como era un día caluroso, se deleitaron con una bebida energética fría.

El día se hizo largo. Cuando por fin se fueron a dormir, eran las 11:00 p. m. en Las Vegas, pero las 2:00 a. m. para sus cuerpos acostumbrados al horario de la Costa Este.

Jim fue el primero en quedarse dormido, y luego Kristin, en la cama de al lado.

Pero Eileen no podía dormir. Cuando por fin comenzaba a lograrlo, a eso de las 5:30 a. m., el teléfono de Kristin comenzó a sonar una canción estruendosa.

Eileen se levantó deprisa, pensando que los amigos de su hija en Orlando no sabrían que estaba de viaje o que aún era de madrugada en Las Vegas.

La canción de Oasis se repetía una y otra vez: «… after all, you're my wonderwall… Maybe you're gonna be the one that saves me…».

Kristin comenzó a sacudirse. Eileen se alarmó y creyó que

debía de tener una pesadilla, pero su hija parecía estar teniendo una convulsión y estaba inconsciente.

—¡Despierta, Jim! ¡Ayuda a Kristin! —gritó.

Jim comenzó a realizarle reanimación cardiopulmonar a Kristin mientras Eileen corría al teléfono, pero no podía ver las instrucciones para realizar la llamada con la luz tenue. Volvió a gritarle a Jim, que dejó a Kristin y pidió ayuda por teléfono. Eileen se dirigió a la puerta, que dejó abierta, y gritó «¡Dios, ayúdanos!», al tiempo que Jim volvía a ayudar a su hija.

Eileen sintió que un cosquilleo le recorrió el cuerpo de inmediato. No estaba segura de lo que era, aunque luego fue evidente que había sido el Espíritu Santo. Al mismo tiempo, vio llegar a los paramédicos del hotel MGM Grand, segundos después de que fueran llamados, y tembló mientras desempacaban las paletas de desfibrilación para darle una descarga a su hija.

Uno de los paramédicos comenzó a instarlos a ella y a Jim a salir de la habitación.

«Debe ser peor de lo que imaginaba», pensó, y eso la llevó a suplicarle a Dios con más urgencia. «¡Ayúdanos, por favor!».

Más tarde supieron que Kristin necesitó cinco descargas para volver en sí. Pero estaba respirando y la ambulancia iba en camino.

Kristin recibió el alta del hospital cinco días después. Jim no pudo asistir a ninguna reunión de la conferencia a la que había ido, y casi todo el viaje consistió en visitas al hospital.

Luego, Kristin volvió a casa de sus padres en los suburbios de Filadelfia, y Eileen se convirtió en la detective de la familia para averiguar qué le había pasado a su hija. El diagnóstico del hospital de «trastorno convulsivo clínico» no le parecía correcto, así que se dio a la tarea de mamá oso de encontrar a los mejores médicos de la zona.

Le recomendaron al doctor Sanjay Dixit, jefe de Electrofisiología Cardíaca del Centro Médico VA de Filadelfia y profesor de Medicina en la Universidad de Pensilvania, reconocido durante años como uno de los mejores médicos del país.

El doctor Dixit sospechaba que Kristin había sido mal diagnosticada y lo confirmó al recibir los informes médicos del MGM Grand. La situación era mucho más difícil de lo que cualquiera había imaginado.

En primer lugar, descubrieron que Kristin padecía el síndrome del QT largo, una condición genética que había heredado de su padre. La bibliografía médica la describe así:

> El síndrome de QT largo (SQTL) es un trastorno del ritmo cardíaco que provoca latidos rápidos y caóticos. Estos latidos irregulares pueden poner en peligro la vida. El SQTL afecta las señales eléctricas que recorren el corazón y lo hacen latir, puede causar desmayos repentinos y convulsiones. Los jóvenes con este síndrome tienen un mayor riesgo de muerte súbita cardíaca.

En definitiva, un desorden del ritmo cardíaco que puede causar latidos rápidos y caóticos. [3]

Se determinó que Kristin había tenido un ataque cardíaco, tal vez potenciado por la bebida energética que había bebido ese día, además de por el sonido de su móvil en medio de la noche, que hizo que el QT largo alterara los latidos de su corazón. Como medida de precaución, el médico le prescribió a Kristin un implante de desfibrilador.

A esas alturas, Mamá Oso Eileen estaba contando los Guiños de Dios, consciente de que el paramédico le había dicho que solo hay siete minutos para revertir un ataque cardíaco.

¿Y si ella no la hubiera convencido de acompañarlos a su «celebración del veinticinco aniversario» en Las Vegas?

¿Y si se hubieran quedado en un hotel sin personal de emergencias siempre en servicio, a diferencia del MGM Grand?

Sin olvidar el guiño divino de haber encontrado información vital sobre el QT largo y descubierto que la familia de Jim tiene antecedentes de esta enfermedad, del que padecen tanto él como Kristin, así como su primera nieta, Aubrey.

Y, por último, haber llegado por alineación divina al doctor Dixit fue un guiño vital. Su decisión de implantarle el desfibrilador a Kristin pronto probó ser acertada.

---

3 https://www.mayoclinic.org/diseases-conditions/long-qt-syndrome/symptoms-causes /syc-20352518.

Poco después de haber vuelto al trabajo, Kristin tuvo un segundo ataque cardíaco, que describió como haber sido golpeada por un balón de baloncesto en el pecho. El desfibrilador hizo su aparición y salvó su vida. Afortunadamente, Kristin nunca ha tenido que volver a vivir esa experiencia.

Mamá Oso Eileen tiene cuatro palabras que decir respecto a haber llevado a su hija a Las Vegas en su vigésimo quinto aniversario: «¡Amo los guiños divinos!».

Reflexión

«Los guiños divinos son señales de la intervención de Dios, en especial cuando son percibidos como respuesta a una plegaria».

—*When God Winks at You*

El grito de Eileen («¡Dios, ayúdanos!») fue una plegaria urgente al cielo, de parte de una madre asustada y desesperada.

Eileen describe que, justo después de eso, sintió un cosquilleo por todo el cuerpo. En principio, fue desconcertante, pero luego llegó a la conclusión de que había sido el Espíritu Santo, para hacerle saber que los ángeles de Dios estaban haciendo su trabajo y que todo saldría bien.

Y así fue.

La sensación sobrenatural de paz y tranquilidad de Eileen también fue confirmada por las enseñanzas de Jesús:

> «Pero el Consolador, el Espíritu Santo, a quien el Padre enviará en mi nombre, él os enseñará todas las cosas y os recordará todo lo que yo les he dicho».
>
> —**Juan 14:26 (RVR1995)**

Tú también puedes experimentar la misma paz que ha sentido Eileen.

Como hemos dicho, los guiños divinos son regalos que llegan a tu puerta. Solo tienes que abrirla y aceptar el obsequio.

El Espíritu Santo vive dentro de cada uno de nosotros, como un regalo de Dios. Abre tu corazón y déjalo entrar.

10B

Carla — Mi bebé llora por la noche

Carla ansiaba la hora de dormir. Su trabajo la había dejado sin una gota de energía en las últimas semanas. Así que se metió en la cama, le dio un beso de buenas noches a su esposo y se acurrucó con el edredón de plumas.

Pero algo la despertó de forma abrupta. Un grito.

Escuchó con atención.

«¿Fue un grito o estaba soñando?».

Luego escuchó con claridad:

—¡Mami!

Pensó que su pequeña de cuatro años tenía una pesadilla, así que se levantó de un salto y corrió a la habitación de Gabby.

Con la luz del corredor, pudo ver que su hija estaba sentada en la cama, con las manos en la garganta y los ojos llenos de terror. ¡Le costaba respirar y no emitía sonido alguno!

—¡Santo Dios, se está ahogando! ¡Patrick! —gritó Carla. Luego tomó a Gabby y le realizó la maniobra de Heimlich.

Uno, dos, tres, y la niña escupió un caramelo duro. Gabby

tosió y tomó aire; su rostro revelaba el pánico que había sentido.

—Mami, me salvaste —lamentó antes de romper en llanto y lanzarse a los brazos de su madre.

Carla le acarició el cabello rubio hasta que volvió a respirar con normalidad y, con el tiempo, se quedó dormida. No había notado que Patrick estaba parado allí, listo para ayudar en lo que pudiera. En cuanto lo vio, se desmoronó en sus brazos y sintió que la tensión se disipaba.

—Gracias, gracias, Dios —susurró, conteniendo sus propios sollozos.

Patrick la guió en silencio de vuelta a su habitación.

—¿Estás bien? —le preguntó con voz suave.

—Sí, por fortuna, sí.

—¿Qué ocurrió?

—Gabby se estaba ahogando con un caramelo, pero ya está bien.

Patrick parecía impactado, porque no tenía idea de lo que acababa de ocurrir.

Después de rezar, los dos volvieron a dormir, aliviados de que su hija estuviera a salvo.

A la mañana siguiente en el desayuno, los tres repasaron lo que había sucedido la noche anterior.

—¿Cómo supiste que Gabby estaba en problemas? —le preguntó Patrick a Carla por lo bajo.

—Ella me llamó.

—Cariño, estaba despierto antes de que saltaras de la cama. Gabby no te llamó —respondió él, sorprendido.

—Imposible. Me llamó, lo escuché tan claro como el agua —replicó Carla con el ceño fruncido y una expresión incrédula.

Él arrugó la frente y se encogió de hombros compasivamente. Carla se dirigió a su hija.

—Gabby, ¿tú me llamaste anoche?

—No, mami, no podía hacerlo. ¡Me estaba ahogando!

Carla se reclinó en la silla, perpleja y con los ojos llenos de lágrimas.

—Pero sé que escuché una voz.

Carla y Patrick se miraron a los ojos por algunos segundos, aunque parecieron una eternidad. Ambos sabían que había ocurrido algo sobrenatural; era la única explicación posible.

Entonces, los dos extendieron los brazos para tomarse de las manos y rezaron. Habían aprendido el poder de rezar juntos en un grupo de oración llamado «Parejas que rezan», por lo que se habían habituado a hacerlo juntos al menos cinco minutos por día. Era como ponerse la armadura infalible de Dios.

Carla y Patrick tenían la costumbre de rezar juntos por cualquier asunto, grande o pequeño.

También habían comprobado que los niños que veían a sus padres rezando, como Gabby en ese momento, adoptaban esa costumbre e implementaban esos valores en sus propias vidas, matrimonios y familias.

En ese momento, Gabby se deslizó entre los dos y aportó la línea de cierre perfecta:

—¡Te amamos, Dios!

Reflexión

Puede que no siempre veamos a Dios, pero Él nos ve a nosotros. Nos cuida de más formas de las que sabemos, cuando estamos despiertos y cuando dormimos.

Después de esa experiencia sobrenatural, Carla sintió el amor y la protección de Dios hacia sus hijos con más intensidad.

Las Escrituras tienen un hermoso recordatorio sobre esto:

> «Jesús les dijo: "Dejen que los niños vengan a mí;
> no se lo impidan, porque el reino de los
> cielos es de quienes son como ellos"».
>
> —Mateo 19:14 (NVI)

Carla siguió la voz del Espíritu Santo en su interior, que le habló con la voz de su pequeña.

Que Dios nos guíe a cada uno de nosotros a un mayor entendimiento de lo que significa escuchar su voz y seguir su guía.

> «Mis ovejas oyen mi voz. Yo las conozco, y ellas me siguen».
>
> —Juan 10:27 (RVR1960)

11

Mamás en duelo que encuentran la esperanza

11A

Mary — ¡La mejor mamá del mundo!

Mary Alexander estaba sentada en el suelo de su vestidor, perdida en la tristeza.

Esa mañana, había tenido la errónea idea de que darse a la monótona tarea de ordenar un armario la distraería del dolor que la había invadido otra vez.

Se acercaba el tercer Día de las Madres desde que había perdido a su hijo menor, Jason, y sentía la punzada de decepción de que, ese año, tampoco recibiría tarjetas de felicitación de sus dos hijos.

Su hijo mayor, Brian, que vivía en Noruega desde hacía varios años, nunca se olvidaba de ella y le había enviado una hermosa tarjeta del Día de las Madres. Mary lo apreciaba mucho.

Pero la tarjeta del hijo que ya no estaba era lo que la entristecía.

Desde que tenía memoria, Jason le había dado mucha importancia al Día de las Madres. Cuando era niño, sus tarjetas siempre estaban hechas a mano con mucho cuidado. Luego, cuando creció, un amigo de él le dijo a Mary que recorría las tiendas de tarjetas hasta encontrar una que expresara los sentimientos perfectos para tocarle el corazón.

Pensar en ello hizo que los ojos de Mary se llenaran de lágrimas, así que se obligó a reenfocarse en su tarea.

«¿Cómo puedes perder a un hijo de apenas treinta y nueve años?», se preguntaba mientras sacaba papeles y revistas viejas de una caja que había ocupado demasiado espacio por demasiado tiempo.

«¿Cómo es posible que la madre que lo había criado no supiera que tenía un corazón dilatado?».

Buscó en su conciencia otra vez. ¿Debía culparse a sí misma? ¿Podría haber hecho algo para prevenir la muerte de su hijo?

De repente, un pensamiento feliz superó las ganas de llorar. Recordó la última vez que Jason había estado allí para un miércoles de cena familiar, como hacía casi cada semana sin falta. Recordar cómo se sonrojaba como un niño cuando bromeaba llamándolo «mi hijo solterón», «mi gigante noble de dos metros» o «mi bebé» la hizo sonreír.

También amaba su sensibilidad. Como su hermano mayor solo podía visitarlos en Navidad, Jason parecía duplicar la atención hacia su madre.

Mary recuerda la expresión dulce pero sorprendida de Jason esa última noche, cuando ella tuvo la necesidad de abrazarlo un momento más y un poco más fuerte antes de que se fuera. Luego, de forma inexplicable, había roto en llanto, pero se había reprendido a sí misma. Lo vería otra vez el miércoles siguiente.

Eso se había dicho a sí misma, pero su intuición maternal se convirtió en una realidad trágica cuando escuchó que llamaban a la puerta a las 4:00 a. m.

Cuando se asomó y vio a cuatro policías afuera, supo que no eran buenas noticias, así que le gritó a Neil para que se despertara.

Un oficial les explicó que Jason había asistido a un concierto con amigos, y les había dicho a los demás que estaba cansado y no se sentía bien, así que uno de ellos lo había acompañado al carro para que descansara. Allí lo habían encontrado al salir, víctima de un ataque al corazón.

Más tarde, la autopsia descubrió que Jason tenía el corazón dilatado. De haberlo sabido antes, tal vez podría haber recibido tratamiento.

Sentada en el suelo del vestidor, recordando cómo los policías hablaban con voces cautas y cómo se había sentido colapsar, las lágrimas volvieron a amenazar detrás de sus ojos, pero presionó los labios e intentó contener sus emociones.

Frustrada, le dio un empujón a la caja, pero era tan pesada que ni siquiera se movió. Entonces, tomó puñados de revistas viejas y las arrojó al suelo.

Cuando llevó las manos de vuelta a la caja, encontró algo que la dejó perpleja.

Era un sobre sin estampilla, escrito con una caligrafía infantil y dirigido a *Potomac News*, que, muchos años atrás, era el periódico local.

Al parecer, y a juzgar por la letra aniñada, alguno de sus

hijos había intentado enviar una carta al periódico hacía treinta años.

«¿De quién es esta letra?».

Mary abrió el sobre.

Era la respuesta a un concurso del periódico, que pedía un ensayo en base a la siguiente premisa: «Mi madre es la mejor porque… ».

Anonadada, Mary comenzó a leer las palabras infantiles.

> Siempre está cuando más la necesito.
>
> Aunque a veces la haga enojar mucho, siempre me entiende porque es muy amorosa. Por eso siempre será la mejor para mí.

Cuando vio quién firmaba, Mary dejó que las lágrimas brotaran con libertad.

¡La firma era de Jason Alexander!

Las lágrimas corrían en una mezcla de melancolía y felicidad.

De repente, cayó en la cuenta de que tenía en sus manos un tesoro, y que había llegado con entrega especial de la mano de Dios.

Mientras estaba allí sentada, su plegaria interna había sido respondida: ese año sí recibiría tarjetas del Día de las Madres de sus dos hijos.

Luego comenzó a analizar ese Guiño de Dios. Jason nunca había enviado el ensayo al periódico, tal vez por no tener una estampilla. Pero si lo hubiera hecho, ese pequeño sobre nunca hubiera acabado al fondo de esa caja, esperando a que su madre lo encontrara en el momento perfecto, el fin de semana del Día de las Madres, treinta años después.

Sonrió al pensar en que Jason estaba junto a Dios en ese momento. Los dos estaban mirándola y sonriendo con ella.

Reflexión

Uno de los dones de la maternidad es la intuición. Muchas veces hemos escuchado historias en las que la intuición maternal se ha activado como radar protector de los niños.

Mary sintió que algo andaba mal, pero no podía identificarlo. El fuerte abrazo que le dio a su hijo antes de que se fuera, fue el Espíritu Santo diciéndole que debía aferrarlo más cerca de ella. En ese momento, no tenía forma de saber que su tiempo con Jason en la Tierra se estaba terminando.

El dolor de perder a un hijo es inimaginable. Así no es como debería ser; las madres no deberían enterrar a sus hijos. Ese no es el orden natural de las cosas.

«El Señor está cerca de los quebrantados
y rescata a los de espíritu destrozado».

—Salmos 34:18 (NTV)

Este pasaje nos recuerda que, en el dolor y la pena, el Señor está cerca de nosotros. Él no solo entiende nuestro quebranto, sino que tiene el poder de sanar las heridas más profundas en nuestros corazones.

El feliz guiño divino de encontrar un mensaje escrito por la mano de su amado hijo en el momento perfecto fue un bálsamo celestial para el corazón de Mary, un consuelo para su alma, una chispa que le devolvió la sonrisa.

Reflexión

La historia de Mary no termina ahí.

Unos años después, despertó con otro «momento de inspiración».

«Hoy limpiaré esas cajas en el sótano».

Igual que aquel día en el vestidor, forcejeó con cajas demasiado pesadas para moverlas, así que decidió vaciarlas y tirar todo lo que no le servía en una bolsa de basura.

Cuando metió la mano para sacar los últimos objetos de una caja, encontró una cadena.

Pero no era solo una; eran dos, o tal vez más, enredadas. Y algo la hizo pensar en que eran las cadenas que Jason había comprado en uno de sus cruceros anuales.

Mary recordó que el año anterior había perdido su cadena preferida, de la que colgaba una cruz de diamante con marco de plata. Le había dicho a Neil que no quería reemplazarla, aunque no estaba segura del porqué, ya que sin duda la extrañaba.

De vuelta en la tarea, Mary se sentó en un taburete y buscó con paciencia una punta libre de las cadenas de plata. Cuando por fin progresó, supo que sí eran las cadenas de Jason.

¡Y entonces la vio! Cuando liberó la segunda cadena, encontró una cruz pequeña. Su corazón dio un vuelco: ¡era una cruz de diamante con marco de plata!

Levantó la vista y dijo:

—¡Gracias, Dios!

Aunque no era una réplica perfecta de su cruz preferida, de alguna manera le pareció incluso mejor.

Una vez más, Mary fue guiada por Dios hacia un guiño divino al fondo de una caja de cartón. Y, de nuevo, tenía que ver con Jason, lo que hacía que esa fuera una cadena muy especial.

Desde entonces, lleva la cruz todos los días.

11B

Laura — El dulce guiño de un pavo real

Cada uno de los tres hijos de Laura Giffen era especial a su modo, y su hija Grace era propensa a la extravagancia y a llamar la atención.

Laura recuerda que, cuando era adolescente, Grace solía volver de la tienda con cosas brillantes, por lo que no la sorprendía que el animal preferido de su hija fuera el pavo real. Su habitación estaba adornada con imágenes de imponentes pavos reales.

Además, el memorable vestido de Grace para su fiesta de dieciséis años estaba inspirado en su ave preferida. Era un vestido sin mangas, con plumas de pavo real con perlas azules y negras en la parte superior y encaje negro desde la cintura hasta los tobillos. Sobre la cabeza, con el cabello castaño peinado hacia atrás, llevaba un sombrero elegante ladeado, de color azul y negro y con las mismas gemas que el vestido. Su actitud y belleza eran propias de una modelo atrevida de *Cosmopolitan*.

Las fotografías de la fiesta la mostraban como una jovencita confiada e inteligente que tenía el mundo a sus pies.

Tristemente, fuera de la familia y amigos cercanos, nadie imaginaba que Grace escondía algo: un trastorno mental que le provocaba cambios de humor extremos y la hacía depresiva y distante. De un momento al otro, su naturaleza alegre podía tornarse en tristeza, haciendo que Grace cayera en un abismo oscuro de depresión, a pesar de la abundancia de familiares y amigos compasivos.

Esa depresión hizo que perdiera las esperanzas y, con el tiempo, el deseo de vivir.

Laura y su esposo nunca olvidarán el trágico día en que descubrieron que su hermosa hija se había quitado la vida.

Cualquier padre que recorra el mismo camino se preguntará una y otra vez: «¿Por qué? ¿Podría haber hecho algo? ¿Cuándo pasará el dolor, Dios?».

«Vivimos con él a diario. Sabemos que nunca obtendremos todas las respuestas, y por eso hemos aprendido a encontrar consuelo en nuestra fe», declara Laura.

Laura le pidió a Dios que le enviara una señal, una «grande», que le dijera que su hija estaba en el cielo con Él.

Y un día, la recibió.

Una mañana de enero, ella y su esposo miraron hacia la terraza y, caminando por allí, ¡vieron a un pavorreal hembra!

¿Qué estaba pasando? Nunca habían visto un pavorreal en esa zona.

Laura supo de inmediato que debía ser un Guiño de Dios directo desde el cielo.

Entonces, hizo lo que haría una madre: alimentó y bautizó a su nueva amiga. La llamó Sweet Pea. En principio, pensó que la hembra de pavo real estaba de paso hacia algún lugar, pero después de varios meses llegaron a la conclusión de que ellos eran el lugar.

Por ese tiempo, cerca del aniversario de la pérdida de Grace, un 8 de abril, Laura decidió llamar a Jeanne, una antigua colega, porque supo que estaba pasando un momento difícil a causa de una enfermedad degenerativa: la esclerosis lateral amiotrófica (ELA).

Para Laura, Jeanne había sido la mejor compañera de trabajo, y la recordaba con mucho cariño; siempre había estado para ella después de la muerte de Grace. Laura se había tomado varias semanas libres para manejar el duelo, y Jeanne siempre había estado al pendiente. Luego, al momento de reincorporarse al trabajo, Laura había temido que muchos compañeros bienintencionados le hicieran preguntas demasiado dolorosas de responder, pero Jeanne se había ofrecido a encargarse de todo. Por varios días, había actuado como guardaespaldas angelical y la había acompañado desde el estacionamiento hasta el escritorio para ayudarla a volver a la rutina.

Esa era la oportunidad de que Laura le devolviera el favor y ayudara a Jeanne a llevar sus últimos meses de vida.

Jeanne ya no podía hablar, pero sí escribir. Laura comenzó a contarle historias sobre Sweet Pea, que se convirtieron en una excusa para conversar sobre su amada hija Grace. Por ejemplo, le enviaba imágenes del pavo real junto con fotografías de Grace con el vestido de su fiesta de dieciséis.

Laura y Jeanne hablaron de la muerte, de Dios y del cielo, y Jeanne admitió que sentía menos ansiedad y más aceptación respecto a su paso a su hogar en el cielo, y también le sugirió a Laura que escribiera un libro infantil acerca del increíble guiño divino de Grace y Sweet Pea.

Finalmente, Laura recibió un mensaje del esposo de Jeanne. Su amiga había partido.

«Juntas, encontramos fe y esperanzas en nuestro dolor. Nuestro encuentro fue orquestado por Dios, igual que la llegada de Sweet Pea», cuenta Laura.

Eso quedó confirmado uno o dos días después, cuando Sweet Pea desapareció. Detrás de sí dejó únicamente una pluma. Su trabajo estaba hecho.

Reflexión

El pavo real es una de las criaturas más majestuosas del reino de Dios, y su plumaje iridiscente es una belleza de la naturaleza. Su forma de pavonearse parece enfatizar su extravagancia y deseo de atención, igual que Grace, quien debió de haber disfrutado ser la estrella de su fiesta.

Cuando nos detenemos a pensarlo, vemos que Dios a menudo usa a las aves para enviar guiños divinos y hacernos saber que nunca está lejos de nosotros.

Cuando Sweet Pea desapareció, dejando atrás una sola pluma, Dios estaba indicando que su labor había terminado. Fue un mensaje claro para los padres de Grace: su hermosa hija estaba libre como un ave de los tormentos de la tierra, disfrutando de todos los colores del cielo, que se dice son más abundantes y hermosos de lo que jamás podríamos imaginar.

En un mensaje, Laura nos dijo: «Quise compartir esta historia de Guiños de Dios pensando en que quizás les brinde esperanza y paz a otros. ¿No es asombroso que nuestro Dios encuentre formas de fortalecernos mientras nos involucra en el trabajo de animar a los demás? Además, sus guiños para nosotros son más conmovedores cuando los compartimos con alguien que puede beneficiarse de ellos».

Busca tus propios Guiños de Dios, y valora que hayan sido enviados por «entrega especial» para brindarte paz y esperanza.

«El alma generosa será prosperada:
el que sacie a otros será también saciado».
—Proverbios 11:25 (RVR1995)

Gracias por acompañarnos en este recorrido de cómo la gracia de Dios y sus guiños divinos se entrelazan en la vida de las madres, las almas más queridas en casi todas las familias en la Tierra.

Oramos para que estas historias reales hayan tocado tu corazón. Quizás incluso te hayan animado o inspirado, y nos encantaría saber de ti en: www.Stories@Godwinks.com.

—SQuire y Louise (aka SQuise)

Agradecimientos

Mensajes de Dios para mamás es nuestro decimotercer libro sobre Guiños de Dios, el séptimo en la serie publicado por Simon & Schuster/Atria y uno de nuestros favoritos, publicado bajo el liderazgo extraordinario de Peter Borland, vicepresidente y editor en jefe de Atria Books.

Estamos agradecidos por la amable y brillante orientación de Jennifer Gates, nuestra destacada agente literaria.

Expresamos también nuestro más sincero agradecimiento a cada persona que ha compartido su historia en este libro, pues reconocemos que todas estas crónicas son tesoros personales y familiares.

Para *Mensajes de Dios para mamás* hemos tenido la suerte de reunir a un equipo de investigación excelente, que colaboró con las entrevistas iniciales y contribuyó a dar forma al resultado final. Agradecemos profundamente el talento de Judith Lawson, Kathryn Dow, Robin Taney, Anthony Knighton y nuestra coordinadora de equipo, Hilary Kitzman.

¡Gracias a todos!

SQuire y Louise

www.ingramcontent.com/pod-product-compliance
Lightning Source LLC
La Vergne TN
LVHW031925090826
845145LV00018B/2832

* 9 7 8 1 6 6 8 2 0 1 7 0 1 *